中美贸易战下金融风险冲击实体经济的传染渠道、空间溢出效应及行业聚集
基于有向加权网络与 SSL-CDBN 的异步 MI-BCI 空闲态融合特征提取算法
延迟退休年龄对河南省养老保险基金收支平衡的影响与风险预警机制研究（
基于绿色投入产出框架黄河流域环境污染治理的经济效率、空间溢出效应及数

经济管理学术文库・经济类

有向非对称信息度量下的金融风险传染实证研究

——基于空间计量经济模型

An Empirical Study of Financial Risk Contagion under the Measure of Directed Asymmetric Information
—Based on Spatial Econometric Model

陈秀荣　马　腾　郝爱民／著

图书在版编目（CIP）数据

有向非对称信息度量下的金融风险传染实证研究：基于空间计量经济模型/陈秀荣，马腾，郝爱民著．—北京：经济管理出版社，2022.3
ISBN 978－7－5096－8356－9

Ⅰ.①有…　Ⅱ.①陈…　②马…　③郝…　Ⅲ.①计量经济模型—应用—金融市场—金融风险防范—研究—中国　Ⅳ.①F832.5

中国版本图书馆 CIP 数据核字(2022)第 047041 号

组稿编辑：张巧梅
责任编辑：张巧梅
责任印制：黄章平
责任校对：蔡晓臻

出版发行：经济管理出版社
（北京市海淀区北蜂窝 8 号中雅大厦 A 座 11 层　100038）
网　　址：www. E－mp. com. cn
电　　话：（010）51915602
印　　刷：唐山玺诚印务有限公司
经　　销：新华书店
开　　本：720mm×1000mm/16
印　　张：10.75
字　　数：151 千字
版　　次：2022 年 4 月第 1 版　　2022 年 4 月第 1 次印刷
书　　号：ISBN 978－7－5096－8356－9
定　　价：88.00 元

联系地址：北京市海淀区北蜂窝 8 号中雅大厦 11 层
电话：（010）68022974　　邮编：100038

前　言

随着全球经济一体化、多元化和自由化程度的不断发展以及互联网技术和计算机技术的飞速发展，各地区之间、各经济体之间、各金融市场之间的关联越来越紧密，空间效应也越来越显著，并呈现出了多维、混合等一些新的特点。这在很大程度上增加了金融风险传染的可能。同时，金融市场的过度虚拟化使得作为其根基的实体经济受到了一定程度的冲击。另外，近年来全球金融事件频发，尤其是2016年的三大黑天鹅事件，给全球经济形势和政治环境都增添了诸多不确定性，并引起了市场投资者的极度恐慌和全球金融市场的剧烈波动。所以，对金融风险传染在金融市场及冲击实体经济间的空间效应和传播渠道等进行研究，在一定程度上对市场投资者、政策制定者、金融专家和相关学术人员，以及投资组合管理和风险评估等都具有重要的实践价值和理论意义。

而传统计量模型则忽略了变量间普遍存在的空间效应，这可能会使估计结果产生一定程度的偏差。空间计量经济方法则通过构建空间权重矩阵作为空间效应的载体，将变量间空间结构关联的信息引入模型进而构建空间计量模型，重塑了计量经济学的分析框架。这已成为计量经济学的主流分支和研究热点。而随着金融数据的空间交互影响呈现出多维、混合和非对称等新特性，这可能会使得基于物理距离或相关性及忽略空间交互影响方向性的方式构建的无向对称空间权重矩阵对空间效应的捕捉造成了一定程度的信息损失。所以，如何基于当前经济形势下经济单元间的客观信息构建空间权重矩阵，以尽可能合理充分地描述表达它们之间的空间关联结构，进而构建空间计量经济模型是当前空间计量经济理论关注的核心问题。

金融市场是一个复杂的非线性系统，各金融系统间的相互作用又存在一定程度的差异性，即彼此间的相互影响是有向非对称的。而信息论中的转移熵方法不仅能够捕捉非线性系统间的信息，同时又能捕捉系统间信息传递的方向。因此转移熵的这种特性能够在一定程度上很好地契合金融市场的本质。目前已有部分学者将其应用在金融领域问题的研究中。基于此，本书利用信息论中的转移熵方法将两个经济单元间的转移熵权值信息引入 GARCH 模型，并对传统计量经济模型进行改进，进而构建有向非对称信息（Directed and Asymmetric Information，DAI）度量模型。同时，对金融市场间的相互关联信息进行度量，由此验证转移熵方法的有效性。而后在验证有效性的基础之上，将转移熵方法扩展到多个经济单元的应用中，并利用其构建 DAI 经济空间权重矩阵。之后基于此矩阵，本书构建了一系列的空间计量经济模型，以对金融风险传染在跨经济体、跨市场间的金融市场收益率一阶矩信息之间和二阶矩信息之间的多维混合金融风险传染空间溢出效应进行捕捉与分析，并结合复杂网络理论构建高阶信息空间计量经济模型对金融风险冲击实体经济的传染机制和路径进行分析，以深入挖掘金融风险传染空间溢出的内在机制和运行规律。总的来说，本书的研究内容包括以下四个部分：

（1）利用转移熵方法捕捉信息的优势，并引入基于两个经济单元的时变信息权值，以对金融风险传染经典 GARCH 模型进行改进，进而构建时变符号化转移熵 GARCH 模型。基于此模型对在英国脱欧事件冲击下，全球九大经济体的股市和债市的市场关联程度变化进行研究。结果表明模型的估计精确得到了一定程度的提高。这说明改进后的 GARCH 模型能够在一定程度上更有效地捕捉金融市场间的信息，进而说明转移熵方法在金融领域实际问题的应用中是有一定现实意义的，能够在一定程度上更好地捕捉市场间的信息。

（2）本书将转移熵方法引入的两个经济单元的信息权值扩展为多个经济单元，并构建基于转移熵的 DAI 空间权重矩阵，以对空间计量理论中传统对称空间权重矩阵的构建方式进行改进，提高金融风险传染空间效应的捕捉能力。基于提出的 DAI 空间权重矩阵，构建金融风险传染 Spatial - SUR 模型。以 2016 年的英国脱欧和特朗普当选美国总统两大黑天鹅事件为背景，对我国金融市场间的跨市场效应及其收益率一阶矩信息的空间效应及其动态演变过程进行实证研究。结果发现，与传统空间计量模型相比，基于新矩阵模型的估计精度得到了一定程度的提高。尤其是通过对动态空间效应的研究，发现在经典模型空间效应不显著的情况下，就无法用经典模型进行空间效应分析。同时，改进的 Spatial - SUR 模型则能够捕捉到更多的信息，且存在显著的空间效应，这体现了改进后模型的优势，扩展了转移熵方法的应用范围。

（3）一阶矩 DAI 金融风险传染 Spatial - SUR 计量模型无法分析二阶矩信息，为了解决这个问题，本书利用空间计量方法改进传统多元波动率模型，进而构建二阶矩 DAI 金融风险传染多元 Spatial - BEKK - GARCH 模型，以捕捉金融市场二阶矩信息间的金融风险传染空间效应，同时缓解传统多元波动率模型中常见的维度灾难问题。以欧债危机为背景，对欧洲主权信用评级下冲击欧猪五国各国股市收益率二阶矩信息间的空间波动溢出效应进行实证研究。结果表明，相比传统空间权重矩阵，基于 DAI 空间权重矩阵构建的模型能捕捉到更多的信息，模型的估计精度也进一步提高，并能分析各股市波动率间的金融风险传染空间效应。同时发现所采用的结构化处理方式能够有效缓解多元波动率模型中常见的维度灾难问题。

（4）交易方式电子化、信息化的发展为我们提供了大量的数据和信息。为了充分利用这些数据和信息，本书利用信息论和复杂网络理论，提出了一种有向加权时间序列复杂网络构建方法，以期有效处理大量的数据，并结合空间计量经济学的优势，构建基于网络属性指标的高阶信息空间计量模型，分析金融风险传染的空间效应。本书在建模的过程中选用合适的网络属性指标替代原始金融数据，并进行参数估计，以对欧债危机期间全球金融板块和各经济体金融板块间以及金融板块冲击各经济体实体行业的传染渠道和空间效应进行实证研究。结果发现，新模型在大量的数据中能够分析金融风险传染的特征，且与经典计量经济模型相比，本书构建的高阶信息空间计量模型的估计精度在一定程度上得到了提高。

目　录

第1章　绪　论 …… 1

1.1　研究背景 …… 1

1.2　问题的提出 …… 5

1.3　研究意义 …… 13

1.4　研究内容与方法 …… 15

1.5　主要创新点 …… 19

第2章　相关理论与文献综述 …… 22

2.1　本书理论基础 …… 22

2.2　国内外文献综述 …… 47

2.3　本章小结 …… 52

第3章　金融风险传染的DAI度量模型及有效性检验 …… 54

3.1　研究思路 …… 54

3.2　DAI度量模型的构建 …… 57

3.3 DAI 度量模型的有效性检验 …… 62
3.4 本章小结 …… 69

第 4 章 金融风险传染的一阶矩 DAI 空间计量模型及实证分析 …… 71

4.1 研究思路 …… 71
4.2 金融风险传染的一阶矩 DAI 空间计量模型构建 …… 75
4.3 金融风险传染的一阶矩 DAI 空间计量经济分析 …… 78
4.4 本章小结 …… 90

第 5 章 金融风险传染的二阶矩 DAI 空间计量模型及实证分析 …… 92

5.1 研究思路 …… 92
5.2 多元 DAI 空间波动率模型构建 …… 95
5.3 金融风险传染的二阶矩 DAI 空间计量经济分析 …… 99
5.4 本章小结 …… 111

第 6 章 金融风险冲击实体经济的高阶信息空间计量模型及实证分析 …… 113

6.1 研究思路 …… 114
6.2 理论分析及模型构建 …… 118
6.3 高阶信息空间计量经济分析 …… 122
6.4 本章小结 …… 133

第 7 章 总结与展望 …… 135

7.1 总结 …… 135
7.2 展望 …… 139

参考文献 …… 141

第1章 绪 论

1.1 研究背景

金融市场作为一个复杂的非线性动力系统，不仅金融市场间的相关关系会随着时间演变[1]（韦艳华等，2004），市场间的相关性程度也会随着市场状态的变化而改变[2]（谢赤等，2013）。而随着目前全球经济形势一体化的不断发展和金融自由化程度的不断加深，各地区之间、各经济体之间、各市场之间、各行业之间在收益率的一阶矩上的空间相关性和空间异质性越来越突出，并呈现出多维混合非对称的新特征。同时在测度金融风险指标的二阶矩信息波动率上也呈现出了相应的空间效应。而作为金融市场基础的实体经济，其与金融市场之间也随之呈现出了越来越强的空间交互效应。这些新特征不仅加深了全球市场的不确定性，也增加了金融风险的传播范围、传染渠道及对实体经济冲击的可能。

20 世纪 80 年代以来，全球金融危机不断爆发，如 20 世纪 80 年代的拉美债务危机、1994 年的墨西哥金融危机、2001 年的美国“9·11”事件、2002 年的阿根廷金融危机。2006 年初，美国次贷危机问题初露端倪，2007 年 8 月就已迅速蔓延至欧盟各国的金融市场。受其影响，2009 年 10 月，希腊财务出现严重预算赤字问题，成为首个欧债危机爆发国。与此同时，美国三大信用评级机构开始接连下调希腊的主权信用评级，其中，标普于 2009 年 12 月 16 日将其评级由 A－降为 BBB＋，评级展望为关注降级。随后，其他欧盟国的债务问题也开始逐步凸显，接连遭到各评级机构的不断降级，2010 年上半年已然演变成了整个欧洲的主权债务危机。这些经济金融事件无一例外均引起了全球金融市场产生剧烈波动，并通过不同的渠道和路径进行空间溢出，由此造成了一系列的风险传染和投资转移现象的发生。而金融市场作为实体经济的虚拟表现和实体经济有着密不可分的关系。金融市场的剧烈波动不仅在欧洲、美洲和亚洲等主要经济体间发生了金融传染，同时也对各地区、各国家的实体行业造成了冲击，进而导致金融风险在金融市场和实体经济间形成了同步混合的空间溢出效应和溢出路径。根据信息论的相关理论可知，概率越小的事件，其发生所蕴含的信息也就越多。所以，2016 年的这三大黑天鹅事件给全球金融市场和实体经济接连增加了诸多的不确定性，对各金融机构、企业单位及个体投资者等都产生了极大的影响，也给金融市场冲击实体经济提供了肥沃的土壤。

综上可以发现，与以往的金融传染相比，新经济形势下的金融传染具有如下的新特点：①各地区之间、各经济体之间、各市场之间均存在显著的空间效应，并呈现出多维混合非对称的新特征。②这种空间效应不仅体现在收益率的一阶矩之间，同时也体现在表征金融风险的二阶矩波动率之间。③金融风险不仅冲击金融市场和金融行业，实体经济行业也难以避免，而且与金融市场间呈现出了错综复杂的空间交互效应。

新经济形势下跨地区、跨国家和跨市场的空间溢出效应引起了相关学者的广泛关注。Fernández（2012）[3]使用空间计量建模技术对国际金融市场中复杂的全球依赖进行研究。研究方法超越了传统的局限于研究配对关系的相关分析和波动溢出模型，并提高了回报预测的准确性。本书认为股票市场的联动性与地理上的接近程度无关，而以外国直接投资关系衡量的金融联系对于考虑市场联动性是重要的。这证明了空间计量方法相当准确地捕捉了世界金融市场的依赖关系，为政策制定和投资组合管理提供了重要的依据。Asgharian 等（2011）[4] 运用空间计量经济学技术研究了各国经济和地理关系影响其股票市场共同运动的程度。结果表明，双边贸易最适合捕捉收益的共同变化，并发现随着时间的推移和经济衰退，股市依赖程度增加，接近程度降低了。他还分析了一些地区性危机，并发现泰国在亚洲危机期间对其邻国贸易的空间影响巨大。Durante 等（2014）[5] 提出了一种新的基于从金融时间序列中提取的条件斯皮尔曼相关系数的空间传染性度量方法，用以识别哪个时间序列在市场处于困境时它们的（正向）关联会增加。Tam（2014）[6] 使用计量经济学方法考察了东亚股市与亚洲和全球金融危机之间的联系，并利用市场依存结构和震荡传导机制在时间空间上进行探索，从而为区域市场动态联动模式提供新的视角。结果显示，东亚股市的空间效应显著，全球金融危机有利于增加跨境联系。特别是中国、日本是该地区市场联动的主要驱动力。Abate（2015）[7] 从空间计量经济学角度研究了宏观波动与经济增长之间的联系，提出了一个无约束的空间杜宾 Ramey - Ramey 模型，并由 78 个国家组成的小组对扩展模型进行了测试，以调查所有可能的空间相互作用中可以影响宏观波动与增长之间联系的维度。研究发现，波动对经济增长的直接影响和间接影响都是负面的。

以上这些近期研究成果表明，新经济形势下跨地区、跨国家和跨市场之间的金融系统均存在显著的空间效应，相比传统的计量经济模型，这些效应的引入对于建模以及市场关联性等的分析均具有显著有效的影响。同时，作为虚拟经济基础的实体经济，在 20 世纪 80 年代以来的诸多危机中，也不可避免地受到了冲击。尤其是由美国 2007 年 8 月的次级危机引发的 2007 ~ 2009 年全球范围的金融危机以及紧随其后的 2009 ~ 2012 年的欧债危机，不仅严重影响了全球范围内的金融活动，也对实体经济层面造成了重大冲击。更有早期一些学者指出金融危机对实体经济的冲击可能会更严重[8,9]（Cavaglia 等，2000；Phylaktis 和 Xia，2006）。也有学者指出造成这样的现象，是由于金融市场过度虚拟化的发展过程缺乏有力的约束和国际监管造成的，进而造成了金融市场与实体经济之间结构上的严重不平衡[10-12]（Grote，2009；白钦先和谭庆华，2010；于晓非和赵蔚，2012），这为金融市场冲击实体经济提供了有利条件。如何有效控制金融市场的过度虚拟化，使其可持续地发展，并与实体经济之间达成一个平衡局面，是每一个经济体国家的领导者和政策制定者面临的重要问题。

另外，随着传统交易方式呈现出电子化、信息化等新特点，跨国家、跨地区和跨市场间也产生了如资金流动、劳动力流动和技术信息流动等大量的信息流动。这种信息流动进一步加深了跨地区、跨国家、跨市场和跨行业间的关联，改变了金融市场和实体经济间的影响机制和传染渠道。在有助于风险分散的同时，也增加了金融风险传播的渠道和范围。而如何捕捉这种信息流动，进而有效分析各金融市场间、各实体经济行业间以及金融市场和实体经济行业间的信息流动方向及大小，对于市场投资者和政策制定者有着重要的意义。

金融市场作为一个复杂的非线性系统，在新的经济背景与发展形势下，传统的计量经济方法可能已经无法有效捕捉这种全球经济一体化、电子化和信息化下的跨地区、跨国家、跨市场、跨行业间的金融风险的多维混合非对称空间溢出效应以及金融市场冲击实体经济行业的传染渠道和聚集效应，也无法分析空间效应的演变过程。而近年来，随着空间计量理论、空间地理学、空间统计技术以及计算机技术的不断发展，掀起了对空间计量经济方法理论与应用的研究热潮，近期更是涌现出了许多空间计量经济方法在生物、医学以及物理等领域的应用文献。同时，随着信息论的不断发展，学者也开始关注其在金融领域的扩展应用，以期能够挖掘金融市场行为背后的深度规律。而复杂网络技术的建模分析方法为21世纪学者关注复杂性和网络化提供了理论基础，也成为了学者研究金融领域风险溢出的有效分析工具。本书结合空间计量经济理论、信息论和复杂网络理论，融

合金融市场及其和实体经济间的信息流，以金融市场活动行为的实际特点，构建了有向非对称经济信息空间，以期能够在一定程度上更加充分有效地捕捉挖掘金融风险溢出的多维混合非对称空间效应信息，进而分析欧债危机及在2016年黑天鹅事件背景下，金融风险在一阶矩和二阶矩上的空间溢出和动态演变，以及其冲击实体经济行业的空间效应、行业聚集及传染渠道。本书旨在提高模型的估计精度，丰富金融领域的分析方法和研究视角，更加深刻地挖掘隐藏在市场显性行为背后的市场规律，进而在一定程度上防范金融风险的冲击，为市场投资者和政策制定者提供一定的理论依据。

1.2　问题的提出

根据第1.1节介绍的研究背景分析，可知在新的经济发展形势下，各地区之间、各经济体之间、各市场之间均存在显著的空间效应，并呈现出多维混合非对称的新特征。而且这种空间效应存在于收益率的一阶矩之间，同时表征了金融风险的二阶矩信息，即波动率之间也存在着显著的空间溢出效应。另外，金融风险不仅会冲击金融市场，实体经济也不可避免地受到了一定程度的影响。同时实体经济与金融市场间也存在着较为强烈的空间交互效应。

20世纪80年代以来，尤其是在全球金融危机及欧债危机等的国家经济金融事件的冲击下，金融风险的溢出规模、范围及速度愈演愈烈。那么，如何有效捕捉新经济形势下金融风险的溢出路径及传染渠道是当前业界及学术界关注的主要问题。如何对金融市场间的非线性信息进行捕捉？如何结合金融市场活动行为的实际特点，构建作为空间效应载体的空间权重矩阵，以对金融市场一阶矩信息间和二阶矩信息间的空间溢出效应进行捕捉和分析？金融数据纷繁复杂，如何构建模型以降低数据的冗余度，进而更加有效地提取其数据信息？金融市场对于各经济体实体经济行业的冲击程度有什么不同？各经济体的传染渠道是否一样？对于这些问题的研究不论对于市场投资机构、个体，还是上层经济决策者和相关学术研究人员，都具有一定的理论价值和现实意义。

空间计量经济学是计量经济学的一个分支，主要用来分析处理不同空间单元间（地理单位或经济代理人）的空间交互效应。随着空间经济学、计量经济学和计算机技术的快速发展，空间计量经济学已然成为经济学研究的主流。1979年 Paelinck（1979）的著作《空间计量经济学》一书的出版，标志着空间计量经济学正式成为了一门学科[13]。在此基础上，1988 年出版的 Anselin 的专著《空间计量经济学：方法与模型》，正式给出了被学术界广泛接受的空间计量经济学的定义[14]。近 40 年来，空间计量经济分析方法已经成为计量经济领域的一个重要分支和研究热点[15,16]（Mills 和 Patterson，2006；Ramos，2005）。其与传统计量经济方法的主要区别在于，后者在马尔科夫的假设下认为各活动单元间均是独立的，前者则打破了这一传统意识，通过引入空间效应，在各经济单元间建立了空间联系，被广泛应用于城市经济学、环境科学以及区域经济学等领域，其近期的发展使得空间计量经济方法在金融市场协同运动间关联的研究成为了一个有力工具。空间效应也随之成为了研究金融风险领域的新视角。而随着大数据时代的到来，基于信息论的转移熵方法在金融领域得到了越来越多的学者的关注。转移熵是一种度量两个非线性系统间的信息流的方法，它不仅提供了系统间相互影响强度的度量信息，同时也给出了影响的方向。它的这种特性使得其在现实问题的研究中，体现出了一定的优势。而其非线性的性质更是符合金融市场非线性系统的本质，所以其得到了众多学者的青睐。另外，进入 21 世纪，网络化和复杂性成为了发展趋势和关注方向。在这样的背景下，复杂网络技术成为了学者利用的一个重要途径，用以描述系统整体间的相互作用机制，并为金融领域的研究提供了一个崭新的思路，并通过设定各经济单元为网络节点，各关联关系程度为边，将

各个金融子系统结合在一起构建为复杂网络，进而可以从复杂网络的视角分析金融风险的溢出机制及演变过程。

近年来，空间计量经济方法在各行各业的应用均得到了国内外学者的广泛关注。李卫兵和王彦淇（2018）[17]利用空间杜宾模型对我国 31 个省份的智力资本的空间效应进行了研究，发现在不同空间权重下均出现了正向的空间溢出效应现象。苏屹和林周周（2017）[18]利用空间计量经济方法分别基于面板数据构建静态与动态空间计量模型，对我国 30 个省份 17 年间创新活动的空间效应进行了研究，发现中国省份创新行为受邻近省份相应行为的影响，表现出了一定的空间集聚性。程棵等（2012）[19]通过构建空间面板计量经济模型对美国次贷危机在全球范围内的传染渠道进行了空间视角的研究，发现金融贸易渠道是主要的传染渠道。李立等（2015）[20]通过构建引用空间权重矩阵，对欧债危机下的传染方式进行了研究，发现引力权重矩阵具有良好的捕捉金融数据新特征的性质。

Paruolo（2015）[21]通过利用基于经济接近度的空间权重矩阵，提出了多元波动率模型的结构化参数方法，以解决多元波动率模型中常见的维度灾难问题，并将空间计量经济方法引入到条件方差协方差建模的应用中。Arnold 等（2013）[22]通过将空间计量经济建模方法与金融领域的结合，将 GMM 方法修改为空间自回归方法并对股票收益率进行研究。他发现这种结合在投资组合管理中可以实现良好的风险预测。Asgharian 等（2013）[23]采用空间计量经济学技术对各国经济和地理关系在多大程度上影响其股票市场共同运动进行了研究，并发现三个主导国家：美国、英国和日本对其他国家的影响较为强大。且随着时间的推移和经济衰退，股市依赖程度增加，并且接近程度的重要性降低了。Durante 等（2014）[5]基于从金融时间序列中提取合适的条件斯皮尔曼相关性方面提出了一种新的空间传染性度量方法，发现其在多元化资产收益组合的选择中具有一定作用。Weng 和 Gong（2016）[24]对一个新的时空模型下全球股市之间的关联进行研究，并对股票收益的驱动因素进行分析，发现所提出的空间权重矩阵的测度结合所提出的模型，在捕捉全球股票市场的空间和时间依赖性方面上表现良好。

熵被用来刻画一个系统的混乱程度，其在计算机、医学、生命科学等领域都有着广泛的应用。而转移熵因为其在刻画系统间影响程度的同时，也包含了方向上的信息，更是得到相关学者的重视，近年来也被扩展到了金融领域的应用中。Marschinski 和 Kantz（2002）[25]利用有效转移熵对道琼斯和 DAX 股指这两个金融时间序列之间的信息流进行了测度，有效解决了有限样本的限制问题。研究发现这二者之间呈现的是一个非线性特征关系，且一个指数能够解释另一个指数的未来观察值。Baek 等（2005）[26]利用转移熵方法研究了美国股市间信息传递的强度和方向，发现与石油、天然气、电力等能源行业有关的公司影响美国的整个股票市场。Kwon 和 Yang（2008）[27]研究了美国股市的综合股指和与单支股票价格之间信息传递的强度和方向。他们通过对传递方向的分析发现，整体来看个股的价格是受制于市场综合股指影响的。Dimpfl 和 Peter（2013）等[28]利用转移熵对金融市场之间的信息流进行度量，研究了信用违约掉期市场相对于公司债券市场对信用风险定价的重要性，并分别分析了市场风险与 VIX 和 iTraxx 欧洲所代表的信用风险之间的动态关系。Borge 等（2016）[29]利用微博时间序列的符号化转移熵方法提取构建社会系统中各地理定位间相互影响的有向网络，这种方法能够捕捉到与社会相关集体现象出现接近的系统级动态的出现。研究结果可以帮助定义基于开源数据的社会事件分析模型和预测算法。

Gao 等（2017）[30]通过观察一个或多个变量的时间序列来刻画依赖于时间的复杂系统中的动力学过程是在物理学、化学、经济学和社会科学等许多领域都具有重要意义的基本问题。本书已经开发出不同的时间序列分析方法来完成这一具有挑战性的任务，例如，混沌分析[31]（Daw等，2015）、分形分析[32,33]（Peng等，1994；Podobnik 和 Stanley，2008）、递归图[34]（Marwan等，2007）、复杂性测量[35]（Lempel 和 Ziv，1976）、多尺度熵[36]（Costa等，2002）和时频表示方法[37]（Boccaletti 等，2014）。时间序列分析已广泛应用于科学研究和工程应用

中。时间序列分析的许多理论发展显著促进了对复杂系统的理解。然而，当系统复杂性增加时，难以用时间序列来描述动态行为，传统的时间序列分析方法难以应对这种复杂性增加的具体负担。在过去的 10 年中，出现了一种使用复杂网络的新型多学科方法来表征复杂系统[31,38-54]（Daw等，2015；Boccaletti等，2006；Boers 等，2014；Charakopoulos等，2014；Chavez等，2010；Costa等，2007；Deza等，2013；Donges等，2011；Donges等，2009；Donges等，2012；Donner，2009；Dorogovtsev 等，2007；Feldhoff 等，2012；Fortunato，2009；Gao 等，2016；Gao 等，2012；Gao 等，2016；Gao 等，2012）。本书将系统中的单元及其相互关系抽象为节点和边，用来表示系统单元之间的相互作用，借此我们能够将复杂系统表示为复杂网络，然后根据网络理论去评估系统。最近，已经提出了几种新的方法来将单变量/多变量时间序列映射到复杂网络。这些方法已被用于解决跨学科的挑战，并且已经证明了表征复杂动力系统的重要属性的巨大潜力。关于时间序列的复杂网络分析的文献由于其在各种各样的研究领域中的广泛应用，使得国内外对于其的研究成果以非常快的速度增长。Zhang 和 Small（2006）[55]是第一个依据伪周期时间序列构建复杂网络的人。他们根据局部最小值（或最大值）将伪周期时间序列分成不相交的周期，然后通过将每个周期视为一个节点并根据相应周期之间的空间距离确定节点之间的连接来构建一个网络。Xu 等（2008）[56]提出了一种从时间序列推断复杂网络的有趣方法，并指出网络 motif 分布允许表征不同类型的时间序列数据。Yang 和 Yang（2008）[57]提出了一个由时间序列的相关矩阵构造复杂网络的过程。他们先将时间序列划分为多个片段，然后将每个片段视为一个点，并根据 Pearson 相关系数确定节点之间的边界，从而构建了一个复杂的网络。Gao 等（2013）[58]开发了一个有向加权的复杂网络来描述来自时间序列的混沌动力学。而金融市场作为一个复杂的非线性动力系统，其间蕴含大量的时间序列数据，所以利用时间序列复杂网络方法对金融市场进行分析是其一个主要的应用领域之一。国内外都涌现出了大量的研究成果。Pozzi 等（2012）[59]分别基于 Pearson's 相关系数和 Kendall's 相关系数构建了加权网络，并采用滑动窗口技术对纽约证券交易所（New York Stock Exchange，NYSE）的 300 家公司进行了研究，发现相比非加权网络，加权网络更加平滑而且能够更快速地从市场动荡中恢复稳定，也有助于更加有效地区分真伪相关性。Fiedor（2014）[60]分别基于 Pearson's 相关系数，互信息（Mutual Information，MI）和互信息率（Mutual Information Rate，MIR）构建了 MST 和平面极大过滤图（Planar Maximally Filtered Graphs，PMFGs）网络结构，并对 NYSE 中的 91 家公司进行了研究，发现金融系统的非线性相关性确实和网络的结构有着紧密的关系，而传统的 Pearson's 相关系数不能捕捉这种相关性，互信息和互信息率则可以。Ha 等（2015）[61]基于相关系数的统计 p 值，在两种不同的时间窗下构建了阈值网络，并采用边密度和聚类系数等网络属性对韩国综合股指中的 685 家公司和标普 500 中的 377 家公司进行了研究，发现两种窗口下的网络属性有着显著的差异。尤其是在经济危机时期，这种差异性更加明显。Zhuang 等（2014）[62]使用可视图（Visibility Graph，VG）方法分析金融时间序列，以此识别和网络节点度的变化一致的影响市场一体化的重要历史事件。

以上研究文献表明，空间计量经济方法多被用于传统的区域经济的研究应用，在金融领域的研究还较为不成熟，其研究成果较少。而在金融领域空间效应的刻画方面上，仍存在较多不足之处。转移熵作为一种度量非线性系统之间信息流的无模型方法，虽然在金融领域取得了一定的研究成果，但是目前缺少其与计量经济模型相结合对金融市场进行研究的文献。尽管目前已经提出了很多空间权重矩阵的构建方式，但大都是基于距离等指标构建的对称矩阵。这与金融事实存在一定的出入。复杂网络技术已被广泛应用在金融领域，但大多是基于无向网络的研究。如何构建合适的有向网络有效捕捉金融系统内各单元的连接强度和关联结构，进而分析金融风险的传染机制，仍须进一步的研究。具体表现如下：

（1）如何利用转移熵方法捕捉信息的能力对经典金融风险传染模型进行改

进，以提高模型的分析能力，以及揭示金融风险传染的机制和特征。

信息论中的转移熵作为一种度量非线性系统间有向非对称信息流的方法，其在一定程度上与金融市场非线性系统的性质以及金融市场活动行为的实际特征都是相符的。而且自2000年被提出以来，其在金融领域的应用也日趋成熟。所以如何利用其对经典金融风险传染模型进行改进，以更有效地对金融市场的信息进行捕捉，提高模型的估计精度，进而更加客观合理地对金融风险传染现象进行解释，对相关学者来说，是一个值得思考的问题。

（2）如何利用转移熵方法对传统空间权重矩阵构建方式进行改进，以提高金融风险传染空间效应的捕捉能力。特别是在基于传统矩阵的空间模型空间效应不显著，即无法用传统空间模型进行空间效应分析的情况下，能否用此方法提高其显著性。

空间权重矩阵作为度量空间效应的载体，其构建方式一直以来都是空间计量经济理论研究的核心问题。传统空间权重矩阵多是基于物理距离和经济相关性等指标以及对称的思考方式而构建的，而经济单元间的空间关联体现在其物理距离和经济相关性方面上，同时传统矩阵的对称性与其空间交互影响间存在差异性的事实也有一定出入。所以如何结合空间效应的实际特点来构建空间权重矩阵，并将其作为空间效应的载体引入模型以更加有效合理地对金融数据间呈现出的金融风险传染空间效应进行捕捉，进而提高模型的估计精度，以更好地对金融领域实际问题进行研究与分析，是目前国内外学者面临的一大难题。

（3）一阶DAI金融风险传染空间计量模型无法分析方差的特征，如何利用空间计量方法对传统多元波动率模型进行改进，进而构建金融风险传染多元空间波动率模型，以对方差的金融风险传染空间效应进行分析。

对于金融市场来说，收益率的期望和方差是最重要的两个核心度量参数。同时金融数据间的空间效应也不单只存在于金融市场一阶矩信息收益率之间，同时也应存在于其二阶矩信息波动率之间。因此对波动率间的金融风险传染空间效应的研究也至关重要。而目前国内外的相关学者却忽略了这方面的研究。所以如何利用空间计量经济理论构建多元空间波动率模型，以捕捉金融市场二阶矩信息波动率之间的空间效应，同时解决随之而来的维度灾难问题，以更全面地对金融市场进行研究，进而更全面地揭示金融市场运行规律，是一个值得重视的问题。

（4）交易方式电子化、信息化的发展为我们提供了大量数据和信息，如何充分有效地利用这些数据信息建模，以分析金融风险传染的机制和特征。

金融市场产生了大量时间序列数据。近年来，研究发现复杂网络在挖掘非线性时间序列的内在重要信息上具有明显优势，而其网络属性指标则能够体现出整个网络系统的重要核心信息。对于复杂网络来说，数据的映射方式即网络的构建方法是关键环节。所以，如何利用时间序列数据构建复杂网络，提取网络属性信息，进而利用其构建高阶信息经济模型以简化时间序列分析的复杂度和减低数据的冗余度，更加有效全面地提取时间序列内在的重要数据信息，并进行参数估计，提高模型精度，以此对金融现象进行研究和解释。对相关科研人员来说，是一个值得研究的问题。

基于此，本书利用空间计量经济理论、信息论和复杂网络理论，利用转移熵（Transfer Entropy）将金融系统间的时变、非线性和有向非对称信息引入传统计量经济模型，进而构建基于两经济单元的时变符号化转移熵 GARCH 经济度量模型，对全球主要经济体股票市场和债券市场之间的相互关联进行研究，并通过与传统 GARCH 模型的实证结果进行对比，以验证改进后模型的有效性。然后在验证新模型有效性的前提下，结合空间计量经济理论，将两个单元间的信息权值扩展到多个经济单元间的应用中，构建有向非对称空间权重矩阵，改进了传统对称矩阵的构建方式。而后基于此矩阵，分别构建 Spatial – SUR 和多元 Spatial – BEKK – GARCH 模型，对英国脱欧和特朗普当选美国总统两大黑天鹅事件背景下的我国股票市场、国债市场和企业债市场收益率的一阶矩信息之间的跨市场效应、空间效应和欧债危机背景下“欧猪五国”股票市场收益率二阶矩信息之间的空间波动溢出效应分别进行研究，以捕捉金融风险的溢出路径及空间聚集效应和其动态演变过程。然后以全球20个主要经济体的股票市场为节点，以基于各经济体综合股指收益率的转移熵得到的值和方向提出一种新的构建时间序列复杂网络构建方法，来计算其特征路径长度、加权聚类系数、网络全局效率和局部效率四种常见的网络属性时间序列，并选取和解释变量金融数据相关性最大的属性来代替原始金融数据构建高阶属性信息空间计量经济模型，以此降低金融数据的冗余性，更加充分地挖掘其有效信息并对全球金融市场对各经济体实体经济的传染渠道进行检验。本书通过所提出的理论和方法及研究结果，丰富金融领域的研究方法，更加有效地捕捉新经济形势下金融数据的有效信息，提高模型研究金融风险的估计精度，以深度捕捉金融市场行为背后所隐藏的规律，防范金融风险的发生，并为经济专家、科研工作者和政策制定者提供一定的理论参考，在投资组合管理、决策和风险评估方面也具有一定的理论意义和参考价值。

1.3 研究意义

20世纪80年代以来，各经济金融事件不断爆发，尤其是美国次贷危机、欧洲主权信息评级下调导致的欧债危机以及2016年的三大黑天鹅事件更是给全球经济形势带来了难以捉摸的不确定性，导致金融数据呈现出了混合信息转移非对称等新特性，金融风险也呈现出了有向信息溢出和跨地区、跨经济体、跨市场和跨行业的空间集聚特征。这使得国内外相关学者、投资者以及经济领导者再次将注意力集中在对金融风险溢出方式及传染机制的研究上。

针对传统计量经济方法的不足，以及空间计量经济方法中空间权重矩阵如何设定的问题，本书利用转移熵，以有向信息流为视角构建 DAI 经济信息空间，以更大程度地满足金融市场经济行为的实际特点，更加有效地捕捉金融市场间的非线性信息，分别对金融市场收益率的一阶矩和二阶矩之间的金融风险空间溢出效应进行研究。同时，利用复杂网络理论构建了高阶信息空间计量经济模型，以对金融风险的传染渠道和空间效应进行分析。基于此，本书的研究意义主要体现在以下方面：

（1）在理论意义方面：①本书通过引入空间效应构建空间计量经济模型以对金融风险传染进行研究，这不仅完善了金融风险传染的理论体系，还丰富了其研究手段。现有研究文献对金融风险的研究多是在传统计量经济模型基于经济单元间相互独立的传统假设下进行设计分析的，这与社会经济活动的事实是极其不符的。这样的设计不仅会造成模型估计结果的偏差，也无法全面准确地对金融风险的溢出机制和路径进行解释。本书通过建立空间权重矩阵引入经济单元间的空间交互效应，进而构建空间计量经济模型。空间效应的引入不仅打破了传统计量经济理论的经典假设，同时也更加符合经济行为的本质，还重塑了计量经济学的分析框架，具有里程碑式的意义。②本书构建的理论体系和模型框架丰富了空间计量经济方法在实际问题应用中的研究分析手段。针对空间计量理论中传统对称空间权重矩阵构建方式的不足，本书结合信息论，以信息流为视角，从金融市场活动行为的实际特点出发，利用转移熵构建有向非对称经济空间权重矩阵。基于此矩阵，分别构建 Spatial - SUR 模型、多元 Spatial - BEKK - GARCH 空间计量经济模型。本书提出的这些理论在一定程度上丰富了空间计量经济方法的理论体系和应用范围，也对金融风险传染问题的研究提出了一种新的理论分析框架。③本书基于复杂网络构建的高阶信息空间计量模型能够在一定程度上更加充分有效地利用当前经济形势下越来越复杂的金融数据信息，进而为复杂网络方法在金融市场领域的应用提供了一个新的研究视角，也丰富了复杂网络的理论体系。本书利用转移熵，提出了一种新的有向加权时间序列复杂网络构建方法，并通过计算其属性与原始金融数据的相关性，选取合适的属性代替原始数据进而构建高阶属性信息空间计量模型。以期能够在一定程度上降低金融数据的冗余度，提取到更有效的金融信息，以充分挖掘金融风险传染的内在机理，为相关工作人员提供一定的理论指导。

（2）在现实意义方面：①本书考虑了当前经济形势下跨地区、跨经济体、跨市场和跨行业间的空间效应，以及对应情况下空间效应呈现出的新特点，提出了 DAI 权重矩阵的构建方法，也改进了传统矩阵的构建方式，在一定程度上更符合金融市场活动行为的实际特点，对于金融领域实际问题的研究具有重要的现实意义。②本书基于复杂网络的高阶信息空间计量经济模型的提出，能够更加有效地提取金融市场数据信息，进而可以更好地帮助人们理解金融市场行为背后的规律。③近年来随着各经济金融事件不断爆发，尤其是美国次贷危机、欧洲主权信用评级下调导致的欧债危机以及 2016 年的三大黑天鹅事件的发生，实体经济也不可避免地受到了一定程度的冲击。本书以此为背景，对金融风险冲击实体经济的渠道和机制进行了研究，以对金融风险传染的内在机理进行分析，从而能够在一定程度上防范金融风险的进一步扩大，维护金融市场的稳定。

1.4 研究内容与方法

1.4.1 研究内容

本书以信息流为视角引入符号化转移熵，结合信息论和空间计量经济理论，建立有向非对称信息经济空间，并在此空间下，构建有向非对称信息空间权重矩阵，进而构建空间计量经济模型。本书分析和度量金融风险的冲击下金融市场的有向信息广义空间溢出效应及冲击实体经济的跨行业空间溢出效应，并通过复杂网络技术对金融市场和实体经济的混合有向溢出路径进行分析。本书的研究内容主要包括以下四个部分：

（1）第一部分即第3章，根据金融市场活动行为的实际特点，结合信息论中的转移熵方法对传统GARCH模型进行改进，进而构建基于两个经济单元的时变符号化转移熵信息权值的DAI度量模型，并引入两个金融系统间的有向非对称信息。以英国脱欧为背景对全球九大主要经济体股票市场和债券市场间的关联进行研究，并与传统GARCH模型的估计结果进行对比。

（2）第二部分即第4章，结合信息论和空间计量经济理论，将第3章中两个单元间的信息权值扩展到多个经济单元间的应用中，构建基于转移熵的DAI空间权重矩阵，改进了传统对称矩阵的构建方式，进而构建Spatial－SUR模型以对传统似不相关模型进行改进，并对金融市场收益率一阶矩之间的空间效应进行研究。本章以2016年的两大黑天鹅事件：英国脱欧和特朗普当选美国总统为背景，对我国股票市场、债券市场和商品期货市场的跨市场效应和收益率一阶矩信息的空间效应进行研究，并利用滑动窗口技术对三个子市场间的空间效应的演变过程进行分析。

（3）第三部分即第5章，将空间计量理论引入到条件方差协方差建模的应用中，利用第4章构建的DAI空间权重矩阵构建多元空间波动率模型，以对金融市场收益率二阶矩信息间的空间效应进行研究，同时采用一定的结构化处理方法以期缓解多元波动率模型中的维度灾难问题。本章利用第3章构建的空间权重矩阵对传统BEKK－GARCH模型中的方差协方差矩阵进行结构化处理，进而构建多元Spatial－BEKK－GARCH模型。以欧债危机为背景，对欧洲主权信用评级下调对“欧猪五国”股票市场的冲击效应和各国股市收益率二阶矩信息间的空间波动溢出效应进行研究，同时利用DAI空间权重矩阵对方差方程进行一定的结构化处理。

（4）第四部分即第6章，本章结合信息论和复杂网络理论，尝试提出了一种有向加权时间序列复杂网络构建方法，而后结合空间计量理论构建了高阶属性空间计量模型，以对全球金融股板块冲击各经济体金融板块及各经济体实体板块的空间效应和传染渠道进行研究。本章首先利用各经济体国家主要股指收益率的转移熵和滑窗技术构建时变有向加权复杂网络，其次通过计算其4个主要的网络属性和原始数据间的相关性，选取合适的属性替代原始金融数据进而建构基于复杂网络的高阶属性信息空间计量模型。以欧债危机为研究背景和各阶段为时间节点，对全球金融板块在美国、欧洲和中国的金融板块及其冲击各经济体实体经济板块的传染渠道、空间溢出效应进行了研究。

本书的技术路线图如图1-1所示。

1.4.2 研究方法

本书针对传统计量经济学方法的不足，以及经典空间计量经济理论中空间权重矩阵如何构造的核心问题中的局限性，以捕捉当前新经济形势下金融数据所呈现出的新特征为出发点，并在国内外现有文献的研究基础之上，根据金融市场活动行为的实际特点，结合信息论和空间计量经济理论，建立了有向非对称信息经济空间，进而构建了一系列的空间计量经济模型，并利用信息论提出了一种新的时间序列复杂网络分析方法。具体如下：

（1）转移熵方法。根据经济单元间市场行为的实际特点，利用信息论中的转移熵方法将其金融系统间的非线性、有向非对称信息引入到传统计量模型中，构建基于两个经济单元的时变符号化转移熵GARCH经济信息度量模型，以更加客观合理地捕捉金融数据的信息，进而更加准确地捕捉金融市场间的相互关联，提高模型估计精度，揭示金融市场行为背后隐藏的规律。

（2）空间计量方法。在验证经济信息度量模型有效的前提下，结合空间计量经济方法，将两个单元间的信息权值扩展到多个经济单元间的应用中以构建

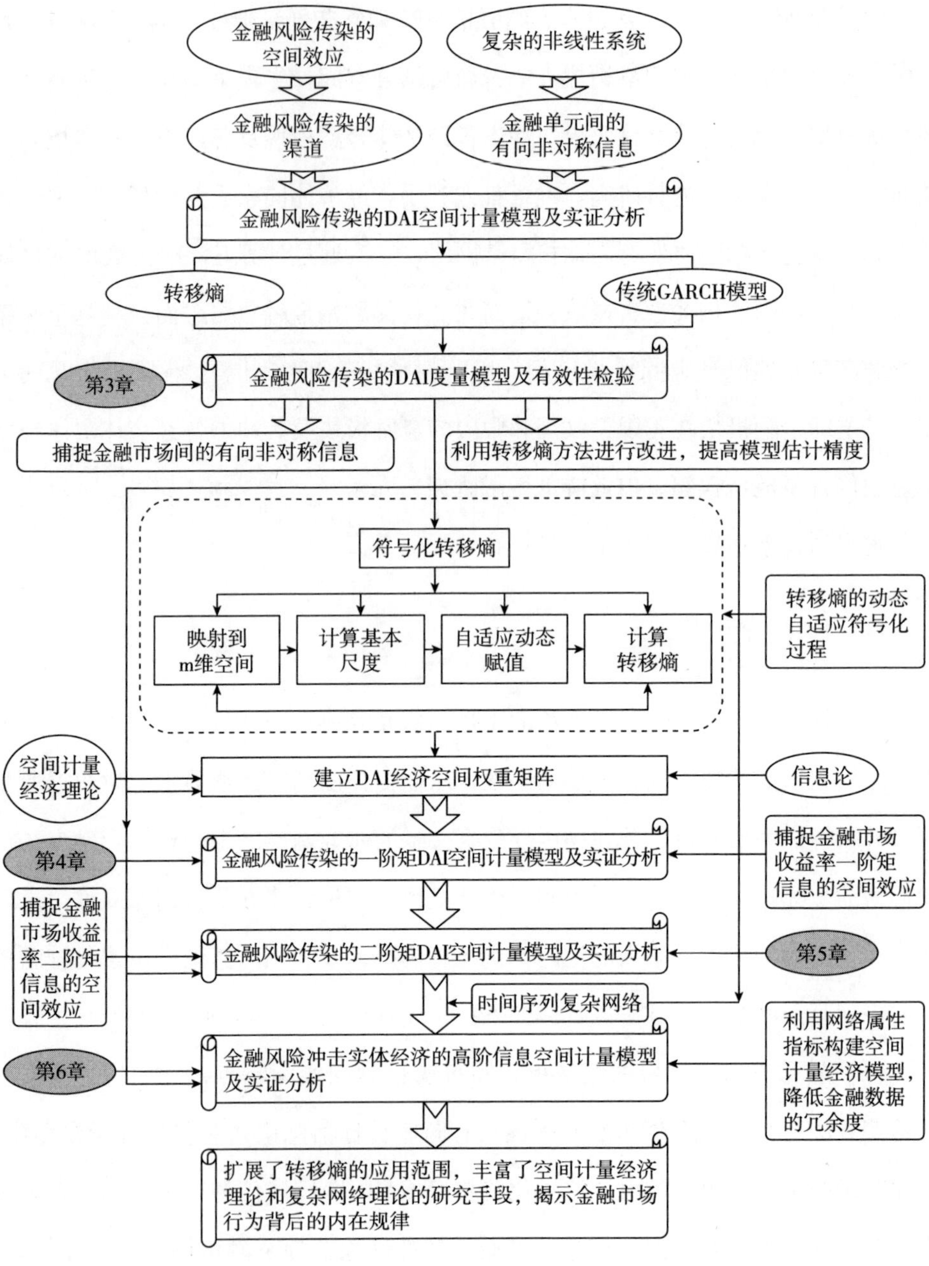

图 1-1　技术路线

DAI 空间权重矩阵，改进了传统对称矩阵的构建方式。基于此 DAI 矩阵，分别构建 Spatial - SUR 模型和多元 Spatial - BEKK - GARCH 模型，对跨经济体、跨市场

金融市场收益率一阶矩信息和二阶矩信息间的非线性有向非对称信息空间溢出效应进行捕捉，挖掘金融市场行为在收益率的期望和波动率上的表现，以客观科学地揭示金融市场内在机制，进一步地发展和丰富传统空间计量经济方法的理论和应用。

（3）复杂网络方法。复杂网络方法允许将系统中的任意一个单元抽象成网络节点，以节点间的相互关系为边，对金融市场和实体经济进行研究，其灵活性和整体观念性使其在金融领域的应用越来越广泛。本书利用转移熵方法提出了一种新的时间序列有向加权复杂网络构建方法，并利用其网络属性指标构建了高阶信息空间计量经济模型，以此降低金融数据的冗余度，提取到更有效更合理的信息，进而对金融传染以及金融市场对实体经济冲击的传染渠道、空间效应和行业聚集效应进行研究，为复杂网络在金融领域的应用提出了一种新的研究视角。

1.5 主要创新点

依据本书的研究内容和研究方法，本书的创新点主要体现在以下三个方面：

（1）利用转移熵方法将两个经济单元的信息权值引入到传统 GARCH 模型中，以对其进行改进，构建时变符号化转移熵 GARCH 模型。进而在此基础上，将基于转移熵方法引入的两个经济单元的信息权值扩展为多经济单元，构建基于转移熵的 DAI 空间权重矩阵，对传统空间权重矩阵的构建方式进行改进，扩展了转移熵的应用范围。这种构建方式充分考虑了经济单元相互作用间存在的方向性信息，弥补了传统矩阵构建方式的缺陷，在一定程度上更加符合金融市场活动行为的本质特征。进而本书以此矩阵作为空间效应的载体，构建基于 DAI 的 Spatial - SUR 模型，在 2016 年黑天鹅事件：英国脱欧的冲击下，对金融市场一阶矩信息收益率间的信息空间效应进行实证。结果表明，与传统空间计量模型相比，基于新矩阵模型的估计精度得到了一定程度的提高。特别通过对动态空间效应的研究发现，在经典模型空间效应不显著的情况下，无法用经典模型进行空间效应分析。改进的 Spatial - SUR 模型则能够捕捉到更多的信息，且存在显著的空间效应，体现了改进后模型的优势，扩展了其应用范围。

（2）将空间计量经济方法引入到条件方差协方差建模的应用中，通过采用对条件方差协方差矩阵结构化处理的方式，构建了金融风险传染的 DAI 多元空间波动率模型。解决了 DAI 一阶 Spatial - SUR 计量模型无法分析二阶矩方差信息的问题，为空间计量经济方法在金融领域的研究提供了一个新的研究视角。前文中本书对金融市场收益率一阶矩信息的空间效应进行了研究，而金融市场的二阶矩信息波动率蕴含了金融市场风险的测度信息，对投资者、政策制定者来说同样是一个极其重要的参数。而国内外研究文献表明，现阶段相关学者对波动率间空间效应的研究是极少的。针对这个缺陷，本书利用 DAI 空间权重矩阵构建多元金融风险传染 Spatial - BEKK - GARCH 模型对欧债危机期间“欧猪五国”股票市场收益率二阶矩信息之间的空间波动效应进行了捕捉和分析，并同时对传统多元波动率模型的条件方差协方差矩阵进行结构化处理。结果表明，金融市场的二阶矩信息波动率之间同样存在着显著的空间效应。而且，相比传统空间权重矩阵，基于 DAI 空间权重矩阵构建的模型能捕捉到更多的信息，模型的估计精度也进一步提高，并能分析金融市场二阶矩信息间的金融风险传染空间效应。同时，所采用的结构化处理方式能够有效缓解多元波动率模型中常见的维度灾难问题。本书的研究思路拓展了空间计量经济方法的应用范围。

（3）利用信息论和复杂网络理论，提出了一种有向加权时间序列复杂网络构建方法。进而在构造的有向加权网络的基础上，结合空间计量经济学的优势，构建了基于网络属性指标的高阶信息空间计量模型，来分析金融风险传染的空间效应。以简化时间序列分析的复杂度和降低金融数据的冗余度，为复杂网络方法在金融领域的应用提供了一种新的研究思路。本书首先利用符号化转移熵构建有向加权时间序列复杂网络，其次通过提取其网络属性信息来代替原始金融数据进而构建高阶属性信息空间计量经济模型。另外，本书对欧债危机冲击下，全球金融板块对各经济体金融板块及其对各经济体实体经济的传染渠道和空间效应等进行实证。结果表明，在大量的数据中能够分析金融板块风险传染的特征。与经典计量经济模型相比，本书构建的高阶信息空间计量模型的估计精度在一定程度上得到了提高。

第 2 章　相关理论与文献综述

在第 1 章对金融风险在跨地区、跨经济体、跨市场和跨行业的一阶矩和二阶矩之间以及金融市场冲击实体经济的有向非对称信息空间效应的研究背景、研究方法等方面的综合分析之上，本章进一步对本书研究中所涉及的相关理论和文献综述进行了总结。由于本书主要是以金融风险传染为背景，对金融市场间的空间效应、空间权重的构建以及网络属性指标高阶空间计量模型的构建进行研究，所以本章引入了金融风险传染、空间计量经济方法、信息论和复杂网络技术方法相关理论的介绍。

2.1　本书理论基础

2.1.1　金融风险传染理论

较早给出金融风险传染定义的是 King 和 Wedhwtmi（1990），他们认为，一方面若金融市场间能够及时充分地进行信息传递、配置市场资源，另一方面市场参与者能够根据某些市场的价格变化对其他相关市场的变动进行推测，并最终造成市场间风险的相互影响，即为金融风险传染。截至目前，虽然国内外已有很多对于金融传染性进行研究的文章，但对于传染的精确定义依然存在非常大的争议，无论是在理论上还是在实践上都没有一个能够被所有研究者同意接受的定义。Pericoli 和 Sbracia（2003）根据曾被一些代表性的文献采纳过的定义，总结列举出了以下五种传染的定义。包括如下：

定义1：传染是在另一国发生危机的情况下，一国发生危机的可能性显著增加。

这个定义通常与汇率崩溃的国际影响的实证研究有关。它解释了汇率危机往往是涉及大量国家的观察现象，而这些国家中的一些国家尽管受到了强烈投机压力的冲击，但依然可能避免贬值。这一定义与关于国际传播机制的许多不同观点是一致的，因为它没有具体说明最初的危机及蔓延的基础是哪些因素。比如，危机可能是系统性的，从这种意义上说，汇率贬值是各国政府面临基本面冲击时政策博弈的均衡结果。尽管如此，这种贬值仍然会被贴上传染的标签。

定义2：当波动性从危机国家蔓延到其他国家的金融市场时，就发生了传染。

国际金融市场中的一个典型事实是在金融动荡期间资产价格波动性会趋于上升。这一定义利用了这样一个事实，即危机可以通过波动率的峰值来识别，并将传染衡量为从一个市场到另一个市场的波动性溢出。资产价格波动率通常被认为是市场不确定性的一个很好的近似值。因此，这个定义的一个解释是，传染是不确定性在国际金融市场间的传播。需要注意的是不同市场的波动性同时上升可能是因为这些市场间正常的相互依赖性或影响跨市场连接的某些结构的变化而造成的。这种区别是以下定义的基础。

定义3：传染是当一个市场或一组市场发生危机时，跨市场间资产价格和交易数量的协同运动程度（联动性）显著增强的现象。

这个定义的优点在于它的直接吸引力：它符合人们通常认为的传染含义。这也是目前接受程度比较广泛的一个定义。定义 3 里最具代表性的定义是由 Forbes 和 Rigobon（2002）给出的“一经济体或地区受到冲击后引起的不同金融市场间的协同运动（金融市场向同一个方向运动的趋势）程度的增强”，即传染源市场和被传染市场的关联性程度（即协同运动程度）的增加。例如，1997 年 10 月中国香港股市崩盘后或 1998 年夏天俄罗斯危机后金融不稳定性的蔓延传播现象。需要注意的是，相对于某些标准，这个定义通过强调其数量维度：显著增加，并传达了传染是“过度联动”的概念。因此，在此定义下棘手的问题是如何对由简单的相互依赖关系所引起的资产价格和交易数量在过度联动和正常联动之间进行区分。

定义 4：传染是当一个市场受到冲击后，传染途径发生改变的现象。

在这个定义下，传染的含义与前一个定义有些相似。如果为了应对其他国家发生的危机，之间的传染机制以某种方式加强了，就发生了传染。因此这种现象也可以通过衡量国家间资产价格和交易数量的过度联动来识别——尽管通过检测数据生成过程中的结构断点可能更合适，而对相互依存标准的不同识别是以下定义的核心。

定义 5：当基本面无法解释共同运动时，就认为发生了传染。

在允许在协调问题中出现多个瞬时平衡的可能性的模型框架中，这个传染的定义在理论上是精确的。如果危机的传播反映的是从一种均衡到另一种均衡的任意转换，那么基本面无法解释其时间和方式。尽管如此，基本面仍可以解释为什么有些国家容易受到危机的影响，而其他国家则不然。例如，如果传染是通过流动性危机进行传播的，那么相对于短期总负债而言，流动性储备水平较低的国家会大概率地面临风险。

然而，定义 5 也可适用于经济主体之间的协调问题与任意均衡选择机制无关的情况。资产价格和交易数量时间序列的突然不连续不一定是通过“太阳黑子”

驱动的。例如，引入不完整信息可能会排除银行挤兑和货币危机标准模型中的多重均衡。对于给定的基本面，任意私人信息或经济主体预期的不确定性程度的微小变化都可能会引发经济主体行为的重大变化。然而，当基本面疲软时，这些事件更有可能发生。

基于以上五种定义，根据传染途径的不同，主流学派将传染分为以下两类：第一类是基本传染（Kaminsky 和 Reinhart，2000），定义 1 和定义 2 描述的传染含义就是属于此类范畴。这种传染主要是通过国家间的贸易关系和资本流动等发生变化造成的，一般主要体现在贸易市场上。第二类是纯粹传染（Masson，1999；Mondria 和 Quintana - Domeque，2013），也就是投资者行为的传染。定义3～定义 5 描述的传染的含义属于此类范畴的传染。这种传染的途径主要是以资产价格和交易数量的波动溢出效应为路径进行传播的，一般主要体现在资本市场方面。

同时，世界银行基于传染范围的大小、严格性的高低，给出了金融风险传染的三层定义：第一层次为广义金融传染，是指当一个金融市场遭受冲击产生波动后传递给其他金融市场而引起的波动，即产生了波动溢出效应。但是这种类型的金融传染和金融危机之间没有必然关系，市场稳定期或是危机期都是可能发生的，只是在危机期间传染的程度更高；第二层次是稍微狭义严格的金融传染，指的是当一个金融市场遭受冲击致使资产价格发生波动后传递给其他金融市场引起其他金融市场价格的波动，也被称为资产价格的联动性波动；第三层次是更为狭义严格的风险传染，指的是相对于市场稳定期而言，危机时期金融市场间价格波动相关性的增加。

而随着当前金融资本对实体经济的不断渗透，金融风险传染现象的发生也越来越频繁。这对各个经济体来说都是一个非常艰难的挑战。过往金融市场发展历史表明，金融风险在各地区、各经济体和各金融市场之间，都呈现出了传染速度快、传染力度强和传染范围广的特点。金融风险可以快速地从一个地区、经济体或市场传染到另一个地区、经济体或市场，进而可能会引起全球金融市场的波动。比如，1997 年的亚洲金融危机、2007 年的美国次贷金融危机以及紧随其后的 2009 年的欧债危机等，无一不造成全球金融市场的剧烈震荡，使得全球经济受到了严重冲击。而在当前金融市场过度虚拟化发展的形势下，金融风险传染对实体经济也造成了一定程度的冲击，使得实体经济的发展也受到了一定影响。

目前对于金融风险传染的研究主要集中在其影响因素和传染路径两个方面。对于前者，从投资者层面来讲，学者发现投资者对风险的厌恶程度是一个重要的影响因素。当投资者的风险厌恶程度上升时，便会加剧其将金融资产变现的概率。如果这个规模达到一定程度，那么这将会对本国和国外资本市场的价格造成相互影响，进而可能会引发金融风险传染。另外，投资者在个体偏好以及投资决策上存在一定的异质性，所以投资者的市场行为的变化，也可能会导致金融风险从一个市场传染到另一个市场。从国家层面来讲，通过对各大金融危机事件进行研究，学者发现资本账户余额、外债在 GDP 中的占比以及金融市场自由化的程度等是在金融危机中造成金融风险传染的重要因素。对于金融风险传染路径的研究，学者发现金融中介是造成金融风险传染的一个重要路径。一方面，商业银行作为金融中介的主体，其破产必然会造成金融市场资本流动性的短缺，那么随着交易违约行为的增加，金融风险便会不断地向金融市场的其他领域外溢。另一方面，随着金融一体化程度的不断加深，金融越发达的国家其银行资本便会越容易受到冲击，那么就会造成其信贷净额在短期内急剧增加，并向其他国家外溢。此外，汇率市场的风险传染也得到了越来越多的学者关注。研究发现，金融危机期间汇率风险存在一定的转移传染效应。随着对金融风险传染研究的不断深入和细化，目前相关学者在传染测量及传染现象这两方面的研究也日趋增多和成熟。

金融风险传染现象不仅存在于同类型金融市场之间，也存在于不同类型的金融市场之间，甚至存在于不同地区不同市场之间，是一种常见且影响深远的金融现象。所以，对金融风险传染现象进行研究，对于学术研究人员、市场参与者、政策制定者以及国家经济的发展来说，具有重要的理论和现实意义。

2.1.2　空间计量经济学理论

我们所生活的世界中的生命体的活动行为总是在时间和空间两个不同的维度上进行的。经济单元间的活动行为也不外如此，其不仅会在时间维度上呈现一定的相关性并跟随时间的变化而发生改变，在空间维度上也呈现出了某种相关性。主流计量经济学从最初对截面数据、时间序列数据的研究到现在对面板数据的研究的拓展，也证明了这一点。

虽然面板数据模型可以从时间和空间两个维度上对经济变量的时间和空间性质进行一定程度的描述[14,63,64]（Anselin，1988；Baltagi，2001；Elhorst，2003），但是传统计量经济学方法对于空间维度特性的描述主要侧重于经济个体间的差异性和对应差异产生的原因，却没有涉及对经济个体间的空间关系的研究。另外，如第 1 章所述，传统计量经济学理论在 Gauss – Markov 等假设下，认为各经济变量间是相互独立的。这与实际的经济活动明显不符。Tobler（1970）[65]于 1970 年提出“地理学第一定律”的概念，其认为，自然界的万事万物间均存在着空间相关性，且和万有引力的规律一样，距离越近的个体呈现的空间相关性就越大。这种空间相关性的提出，彻底打破了传统计量经济理论和统计方法中经济个体间相互独立的基本假设和模型构建框架。而空间计量经济学通过构建空间权重矩阵，并以此为载体引入空间效应，充分考虑了样本间的空间相关性和异质性，重塑了传统计量经济学的分析框架，为其空间维度信息赋予了新的意义。

Matheron（1963）首次提出了“空间统计学”的概念[66]，从此便打开了空间相关关系研究的大门，这也是空间计量经济学发展的基础。后来随着计算机技术和地理信息技术的发展，尤其是区域科学和计量经济学的共同发展，以及空间统计方法在环境科学、经济地理学等领域的应用所日渐形成的理论体系与其在处理截面数据和面板数据时所面临的对空间影响关系研究的实际问题，以及相关学者关注空间计量经济学在截面数据以及面板数据中对空间交互作用及空间结构等问题的处理方式：如何对空间影响关系进行度量和分析，如何将其引入到模型中进行建模等方面的问题是非常引人注目的。

本书认为，使空间计量经济学真正作为一门学科登上历史舞台的是1979年Paelinck和Jeanh著作的《空间计量经济学》一书的出版[67]，迄今已将近40年。虽然本图书出版之前，已有很多与空间计量经济学理论相关的研究成果发表于世[68-70]（Bartels和Ketellapper，1979；Bennett，1979；Hordijk，1979），但是与这本著作相比，都不够系统、全面。在这本著作中，他们系统详细地介绍了空间计量经济学的研究主体、方向和模型构建方法，并认为，作为计量经济学的一个分支，空间计量经济学的提出具有划时代的意义，为区域经济学和城市经济学的研究提供了一个可靠的、崭新的研究思路与方法，并给出了空间计量经济学的五大主要研究内容：①个体在空间维度上的空间依赖性的影响；②空间依赖性的有向性；③邻近空间个体的属性对某空间个体对应属性或其他相关属性的影响力；④前后空间依赖性的不同；⑤如何构建清晰的空间计量经济模型。而后Griffith（1988）[71]在其基础上，对空间计量经济学进行了进一步的完善，其给出了空间计量经济学的具体定义，其认为，空间计量经济学是区域经济模型的构建分析，以及对与空间效应（空间相关性和空间异质性）研究的相关方法的总称，并给出了空间计量经济学理论研究的四个主要方面：①如何定义空间效应；②如何估计引入了空间效应的计量模型；③如何对引入的空间效应进行检验和诊断；④如何利用设定的空间模型进行预测。

可以看出，空间计量经济学可以看作是空间经济理论、空间统计学和数学三种学科相结合的一门学科，如图2-1所示：

在过去的40年里，空间计量经济学经历了快速的发展，且不断发展和完善，并逐渐在经济学以外的领域得到相关学者的广泛关注及应用。下面对空间计量经济学目前涉及的主要方面进行详细介绍。

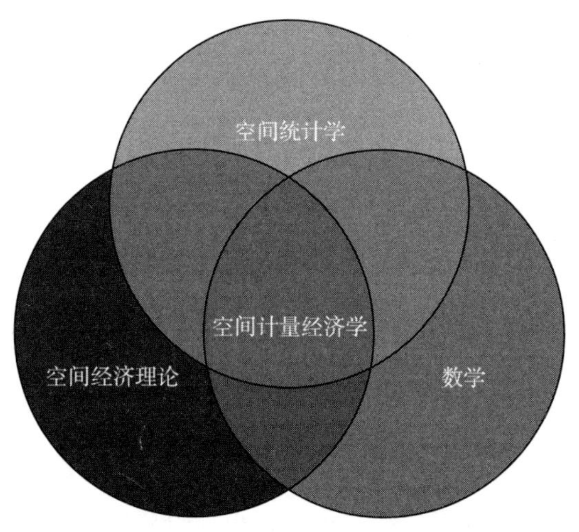

图2－1 空间计量经济学构成示意图

2.1.2.1 空间效应

空间效应的引入是空间计量经济模型和传统计量经济模型的本质区别，其主要有空间相关性和空间异质性两种不同的表现形式。

空间相关性（Spatial Correlation）也被称为空间依赖性或空间自相关性（Spatial Autocorrelation），为了便于阅读，本书将其统称为“空间相关性”，其指的是由主体活动行为间的空间交互影响（Spatial Interaction Influence）而产生的一种空间单元在截面维度依赖性上的一种特殊情况[72]（Anselin，2010），即不同位置随机变量之间的相关性结构或协方差结构是由某种特定顺序产生的，而这种顺序是由观测点在地理空间（或一般来说，网络空间）中的相对位置（距离、空间排列）决定的。虽然其与时域上的相关性相似，但空间相关性的独特性则需要一套专业的技术方法来进行处理。需要注意的是，空间相关性的提出并不是简单地将时间序列方法扩展到两个维度上进行处理。二者是有本质区别的。根据变量不同类型的随机变量，常见的空间计量经济模型中空间相关性包括三种不同的表现形式：因变量间的内生空间交互相关性，自变量间的外生空间交互相关性以及模型误差项间的空间交互相关性。在同一个空间计量经济模型中，这三种类型的空间相关性可以只存在其中一种，也可以任意存在两种，还可以同时存在。

空间异质性是观察到的或未观察到的异质性的特殊情况，是空间单元在网络空间结构上的非平衡性，这是传统计量经济学中的常见问题。主要体现为空间单元的活动行为之间在空间结构上存在一定的差异性。与空间相关性相反，对空间异质性的处理并不总是需要一套独立的技术方法。异质性在空间维度的唯一体现就是空间结构可能提供的附加信息。例如，在模型中考虑异方差性、空间变化系数、随机系数和空间结构的变化等问题。空间异质性的具体表现形式可以被分为离散异质性和连续异质性两种形式。前者是由一组预先指定的不同空间单元或不同空间体系组成，其模型系数和其他参数均允许在不同的空间个体之间发生变化[73]（Anselin，1990）。而连续的异质性指定了回归系数如何随空间变化，或者遵循预定的函数形式[74]（Casetti，2014），或者由通过局部估计过程的数据进行确定其具体的表现形式，如 Mcmillen（2002）提出的地理加权回归模型（GWR）[75]。与传统计量经济学相比不同的是，统计学文献中常见的观点则是认为空间异质性是随机系数变化的特例[76]（Gelfand 等，2003），而空间计量经济模型中对于空间异质性的设定形式主要包括方差异质性和系数异质性。由于传统计量经济方法也可以对空间异质性进行处理，所以目前相关学者主要关注对空间相关性的研究。本书也是着重空间相关性方面的研究。

空间效应表现形式如图 2－2 所示：

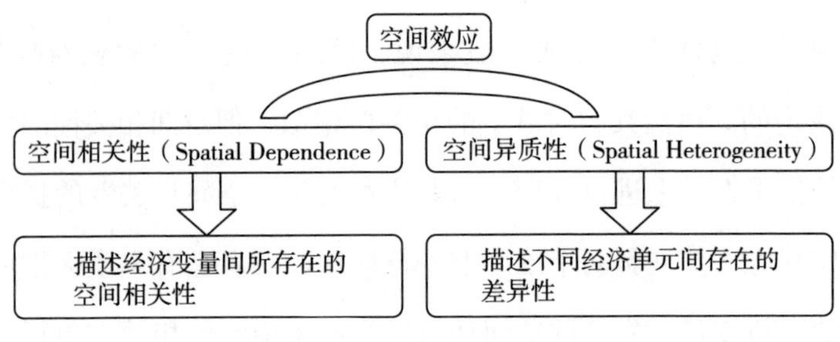

图 2－2　空间效应的表现形式

2.1.2.2　空间权重矩阵

空间计量经济模型区别于传统计量经济模型的一个基本标志就是引入了空间效应。目前相关学者主要采用构建合适的空间权重的方式对空间效应进行度量。所以不管是构建何种形式的空间权重矩阵，其目的只有一个，就是尽可能地全面系统地体现出空间单元间的空间结构关系。虽然空间权重矩阵的构造是学术界里一个富有争议性的课题，但是其构造方式均遵循一条空间效应度量的基本准则：距离衰减准则（Distance Decay），其认为，两个空间单元间的距离越小，则其空间交互影响越强烈；反之，则越薄弱。这里所说的“距离”不仅是指地理空间中的物理距离，也可以是经济距离，或者是人与人之间关系的远近。

目前空间权重矩阵的构建方式主要有两种：一是基于空间邻接关系的二进制空间权重矩阵，即根据二者是否邻接设定空间权重矩阵元素的数值。二是基于地理距离的二进制矩阵。后者通常是采用真实的经纬度坐标对地理距离进行计算的。二者的设定形式分别由如下方程给出：

$$w_{ij}=\begin{cases}1, & \text{当 } i \text{ 单元和 } j \text{ 单元相邻}\\ 0, & \text{其他}\end{cases} \tag{2-1}$$

$$w_{ij}=\begin{cases}1, & \text{当 } i \text{ 单元和 } j \text{ 单元的距离小于 } d\\ 0, & \text{其他}\end{cases} \tag{2-2}$$

对于基于空间邻近关系的空间权重矩阵来说，通常分为一阶和高阶邻近空间权重矩阵两种类型。对于一阶邻近矩阵（The First Order Contiguity Matrix）来说，只有当空间单元间存在共同的边界时，二者才会产生空间关联，二者间对应的空间元素设为1；否则，认为没有空间关联，对应的空间元素设为0。通常采用Rook邻近方法和Queen邻近方法对其进行计算处理。其中，前者仅采用空间单元是否存在公共边界的方式来定义二者间的空间关联关系，而后者除了采用公共边界作为判别标准以外，还将空间单元间是否存在公共定点纳入考虑范围，进而构建空间权重矩阵。需要注意的是，在一般情况下，如果空间单元间的公共边界长度彼此之间存在较大差异，则通常认为其存在的空间关联强度也是不同的。

除了使用一阶邻近矩阵来描述空间单元间的空间交互影响之外，相关学者也曾提出采用高阶邻近矩阵的构建方式来描述其空间关系[77]（Anselin，1996）。比如二阶邻近矩阵（The Second Order Contiguity Matrix）描述了一种邻近空间单元的相邻单元间的空间结构关系。高阶邻近矩阵主要适用于随着时间的演变时空数据会在邻近单元的相邻单元间产生空间溢出效应的情况。在一般情况下，随着阶数的增加，空间交互影响呈几何形式减少。邻近矩阵也是目前较为常用的一种空间权重矩阵，被频繁应用于地理空间效应的度量。

随着经济全球化进程的不断发展，以及金融自由化程度的不断加深，全球经济金融单元间的关系也随之呈现越来越复杂的特征。为了充分有效地捕捉全球经济一体化形势下空间单元间的空间交互影响，相关学者提出了基于经济、社会等复杂因素构建空间权重矩阵的方法。比如，空间单元间的资本流动、贸易关系、GDP 数额等变量。下面对几种常见的相关矩阵构建方法给予具体介绍：

（1）万有引力空间邻近空间权重矩阵。万有引力定律认为，任意两个物体之间均存在万有引力，且其引力大小与其距离大小的平方成反比，与其质量乘积的大小成正比。Tinbergen 等（1965）[78]曾利用万有引力的思想对区域间贸易问题进行研究。尽管学术界很多学者都曾利用引力模型进行实证问题的研究，但是利用万有引力思想来构建空间权重矩阵的学者却很少[20,79]（李立等，2015；Vega，2013）。他们认为，空间溢出效应不仅存在于拥有共同边界的空间单元间，而且存在于任意两个不同的空间单元间。式（2－3）给出了基于万有引力思想构建矩阵的具体方式：

$$w_{ij}=\begin{cases}\dfrac{m_i m_j}{r_{ij}^2}, & i\neq j\\ 0, & \text{其他}\end{cases} \tag{2-3}$$

其中，r_{ij}为空间单元 i 和 j 之间的真实物理距离，可采用二者的经纬度坐标进

行计算；m_i、m_j 分别表示单元 i 和 j 的某种经济地位，可采用 GDP 等进行度量。由其表达式可以看出，任意两个不同的空间单元间均是存在空间溢出效应的，且二者经济地位变量的乘积越高，物理距离就越小，其间的空间交互影响就越强。

（2）基于物理距离的空间权重矩阵。空间邻近矩阵认为只有两个具有公共边界的空间单元间才存在空间交互影响，而且所有邻近空间单元间的空间交互影响程度均是相同的。这与很多经济事实均是不符的。比如，美国的经济不可能只与其相邻的加拿大和墨西哥之间存在空间关联，而与德国、法国等没有关联。同时也不能认为美国和与其地理位置上相近的墨西哥之间的空间影响和美国与英国、法国等距离较远的国家之间的空间影响程度是一样的。基于此，相关学者提出基于物理距离构建空间权重矩阵的方式，将物理距离作为一个参数纳入空间权重矩阵的构建过程，而非仅依据其大小构建二进制矩阵。这也与地理学第一定律[80]（Tobler，1970）的思想相符。其中，一种常见的基于物理距离的空间权重矩阵构建方式如下：

$$w_{ij}=\begin{cases}\dfrac{1}{d^2}, & i\neq j\\ 0, & i=j\end{cases} \tag{2-4}$$

（3）基于经济距离的空间权重矩阵。以物理距离表征的空间交互影响关系及其程度大小体现的仅是地理关系反映出的空间关联，这样的描述方式对空间单元间存在的复杂的空间关联来讲是极其不全面的、粗略的。世间万物，其关联又怎会仅因距离而产生？更别说经济金融单元间复杂的、非线性的活动行为间的交互影响了。其必然会受到来自于各方面的非物理因素的融合影响。为了更加客观合理全面地描述空间单元间存在的复杂的空间交互影响，相关学者提出了很多基于经济距离构建空间权重矩阵的方式[81,82]（李立等，2017；李立等，2015）。

随着空间权重矩阵构建技术的不断成熟，近年来，为了更加贴合经济金融单元间的活动行为的实际特点，以时变地、有效地捕捉金融领域的空间交互关联，相关学者也提出了一些时变和非对称空间权重矩阵的构建方式[83,84]（Billio 等，2016；Paruolo，2009）。一般来说，为了消除变量单位的影响，需要对空间权重矩阵进行行和为 1 的行标准化处理。同时对于模型而言，空间权重矩阵是外生性的，因为其中元素所包含的空间单元间的空间结构信息是不需要通过对模型进行估计得到的，因此是外生性的信息。但是其设定构建的合适与否却直接影响着模型的估计结果和模型解释的合理性。所以客观合理地构建空间权重矩阵在实证研究的应用中意义重大。本书基于金融市场活动行为实际的特点考虑，提出了一种基于转移熵的非对称信息转移的空间权重矩阵的构建方法，并利用其进行了相关问题的实证研究，结果验证了所提构建方法的有效性和适用性。

空间权重矩阵的形式如图 2－3 所示：

$Y=\rho WY+X\beta+\varepsilon \quad \varepsilon \sim N\ [0,\ \sigma^2 I]$

$$W=\begin{bmatrix} 0 & w_{12} & \cdots & w_{1N} \\ w_{21} & 0 & \cdots & w_{2N} \\ \vdots & \vdots & \ddots & \vdots \\ w_{N1} & w_{N2} & \cdots & 0 \end{bmatrix}$$

图 2－3　空间权重矩阵示意图

2.1.2.3　空间计量经济模型

在 40 年的发展长河中，空间计量经济模型经历了从截面空间计量经济模型、面板空间计量经济模型和动态面板空间计量经济模型的发展过程，从当初的萌芽期逐步走向成熟，成为了计量经济学中的重要分支。根据应用数据类型的不同，可将空间计量经济模型分为基于面板数据的空间计量经济模型和基于截面数据的空间计量经济模型两类模型，下面对这两类模型给出具体介绍：

一是，基于截面数据的空间计量经济模型。如前文所述，空间计量经济理论中主要包括因变量间、自变量间以及误差项间三种类型的空间交互效应，并根据模型中所包含的空间交互效应的不同类型和数目，可以对横截面数据的空间计量经济模型进行如下的划分：

记 W 为构建的空间权重矩阵，WY 表示因变量 Y 的内生空间影响因子；WX 表示自变量 X 的外生空间影响因子；Wu 表示误差项的空间影响因子；l_N 表示所有元素的取值均为 1 的列向量。

（1）广义嵌套空间计量经济模型（Generalized Nested Spatial Econometric Model，GNS）。

GNS 模型引入了所有的三种空间交互效应类型，是空间效应考虑最全面的模型。其具体的表达式为：

$$Y=\delta WY+\alpha l_N+X\beta+WX\theta+u,$$
$$u=\lambda Wu+\xi \tag{2-5}$$

由其表达式可以看出，可以通过对其空间效应系数 δ，θ 和 λ 加以约束而得到其他类型的空间计量经济模型。

（2）广义空间自回归模型（Generalized Spatial Autoregression Model，SAC）。SAC 模型同时包含的是自变量间以及误差项间两种类型的空间交互效应。其表达式为：

$$Y=\delta WY+\alpha l_N+X\beta+u,$$
$$u=\lambda Wu+\xi \tag{2-6}$$

（3）空间杜宾模型（Spatial Durbin Model，SDM）。SDM 模型同时包含的是 Y 和 X 的空间交互效应。其表达式为：

$$Y=\delta WY+\alpha l_N+X\beta+WX\theta+u \tag{2-7}$$

（4）空间杜宾误差模型（Spatial Durbin Error Model，SDEM）。SDEM 模型同时包含的是 X 和 u 的空间交互效应。其表达式为：

$$Y=\alpha l_N+X\beta+WX\theta+u,$$
$$u=\lambda Wu+\xi \tag{2-8}$$

（5）空间自回归模型（Spatial Autoregression Model，SAR）。SAR 模型仅包含 Y 的空间交互效应。其表达式为：

$$Y = \delta WY + \alpha l_N + X\beta + u \tag{2-9}$$

（6）空间误差模型（Spatial Error Model，SEM）。SEM 模型仅包含 u 的空间交互效应。其表达式为：

$$Y = \alpha l_N + X\beta + u,$$

$$u = \lambda Wu + \xi \tag{2-10}$$

（7）空间外生滞后模型（Spatial Exogenous Lag Model，SLX）。SLX 模型仅包含自变量 X 的空间交互效应。其表达式为：

$$Y = \alpha l_N + X\beta + WX\theta + u \tag{2-11}$$

由截面空间计量经济模型的表达式可知，通过对它们的对应参数加以限制，七种模型之间是可以相互转化的，其相互转换关系如图 2-4 所示。

尽管空间计量经济模型的种类有很多种，但是并不是每一个模型都能够得到广泛的关注和应用。其中最常用的模型为 SAR 模型、SEM 模型和 SAC 模型。

二是，基于面板数据的空间计量经济模型。对于面板数据空间计量经济模型的划分标准，与传统面板计量经济模型的划分标准是一致的，主要分为混合效应空间计量经济模型、个体效应空间计量经济模型和动态面板空间计量经济模型三大类。

（1）混合效应空间计量经济模型，其与普通面板模型类似，在不存在个体效应差异的情况下，在混合效应的普通面板模型中引入空间效应，即为混合效应空间计量经济模型，其包含混合效应空间自回归模型和混合效应空间误差自相关模型两类，二者的表达式分别如下：

$$Y_t = \delta WY_t + X_t\beta + u_t \tag{2-12}$$

$$Y_t = X_t\beta + u_t,\quad u_t = \lambda Wu_t + \xi_t \tag{2-13}$$

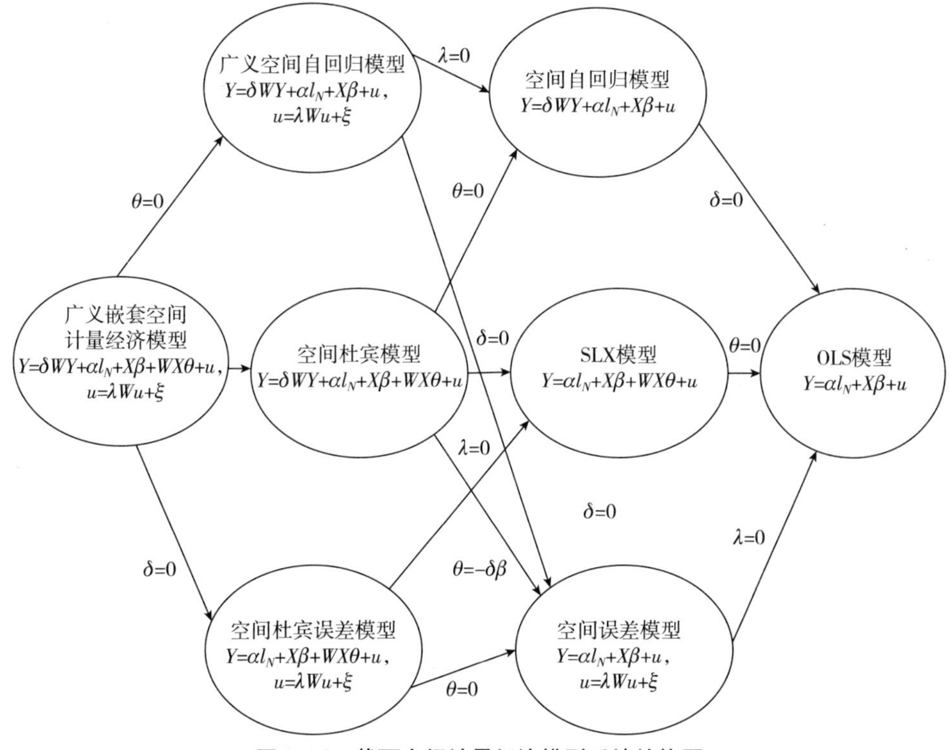

图2-4　截面空间计量经济模型系统结构图

（2）个体效应空间计量经济模型。与普通面板模型类似，如果不同截面的截距项存在差异，则应在混合效应空间计量经济模型中引入表征个体效应的截距，以构建个体效应的空间计量经济模型。同理，其主要分为个体效应的空间自回归模型和个体效应的空间误差自相关模型两类，二者的表达式分别对应如下：

$$Y_t = \delta WY_t + X_t\beta + \alpha + u_t \tag{2-14}$$

$$Y_t = X_t\beta + \alpha + u_t,\ u_t = \lambda Wu_t + \xi_t \tag{2-15}$$

当 α 为固定效应（随机效应）时，则对应的个体效应空间自回归（误差自相关）模型应设定为固定效应（随机效应）的空间自回归（误差自相关）模型。

（3）动态面板空间计量经济模型。与以上二者类似，在传统动态面板数据模型中引入对应的空间效应，即为动态面板空间计量经济模型。同理，其也包括动态面板的空间自回归模型和动态面板的空间误差自相关模型两类，二者的表达式分别如下：

$$Y_t = \gamma Y_{t-1} + \delta W Y_t + X_t\beta + \alpha + u_t \tag{2-16}$$

$$Y_t = \gamma Y_{t-1} + X_t\beta + \alpha + u_t,\ u_t = \lambda W u_t + \xi_t \tag{2-17}$$

面板空间计量经济模型的整体框架结构如图2－5所示：

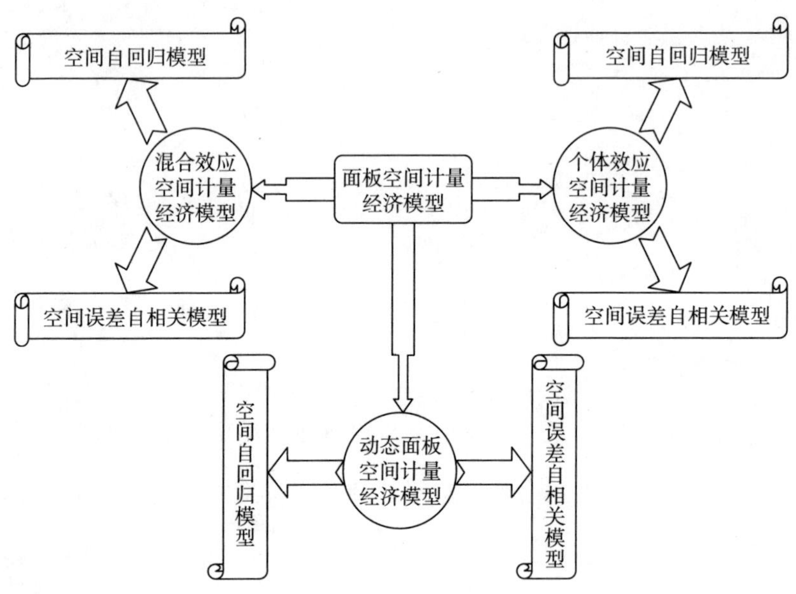

图2－5　面板空间计量经济模型系统结构图

随着空间计量经济模型在金融领域应用的不断发展，一些学者在考虑空间相关性的基础之上，同时考虑了空间单元间的时间相关性以构建时空计量经济模型，同时在空间维度和时间维度上捕捉金融单元间的交互影响，以更加深刻地揭示金融市场中的规律[24]（Weng和Gong，2016），为空间计量经济学方法在金融领域的应用提供了一种新的研究思路和方法。

2.1.3　信息论

熵被用来刻画一个非线性系统的混乱程度，其最早是由鲁道夫·克劳修斯（Rudolf Clausius）于 1850 年提出的物理学中的热力学概念，其度量的是系统中能量分布的均匀情况。他认为，在一个能够产生能量流动的系统中，其总是沿着使系统中能量差减小的方向进行流动。经过 150 多年的发展，其在计算机、医学、生命科学等领域都有着广泛的应用，而在不同的学科中被赋予的意义也不同。从微观的角度来看，熵是系统中大量微观粒子运动的无序性的度量，粒子运动的无序性程度越高，系统的熵就越大，所蕴含的信息量就越大，其潜在的可能性就越多。在给出转移熵的定义之前，本书先给出互信息的概念。而在给出互信息的概念及定义之前，需要先给出信息熵、联合熵、条件熵和相对熵的概念及定义。

2.1.3.1　信息熵

1948 年，香农将熵的概念引入到了信息论的研究中，首次提出了信息熵的概念[85-87]（顾凡及和梁培基，2007；叶中行，2007；朱冰莲和方敏，2014），为了纪念他，信息熵也被称为香农熵。它的提出为日后信息论的建立及发展奠定了基础。而在信息论中，熵代表的含义是系统中信息的不确定性程度。对于一个特定系统 $I=\{I_1, I_2, \cdots, I_n\}$，假设概率密度函数为 $p(i)=\{p_1, p_2, \cdots, p_n\}$，则事件 i 的自信息定义为：

$$I_i=-p(i)\log p(i) \tag{2-18}$$

可知，随机变量取值对应的概率越大，即当事件越容易发生时，其蕴含的信息量就越小。而当概率为 1 时，即为必然事件时，对应的信息为 0。说明必然事件不蕴含任何信息。反之，当事件发生的概率越小时，熵就会越大，此事件的不确定性程度就越高。即概率越小的事件当其发生时给人们所带来的信息冲击就越大。特别地，概率接近于0的事件发生时，即接近不可能事件时，所蕴含的信息量则趋于无穷大，带来的信息冲击就最震撼。

信息熵被定义为随机变量 I，每一个可能取值对应的自信息 I_i 的统计均值，及为自信息的数学期望，故信息熵又被称为熵函数。其仅与信息源的总体统计特征相关，具体的表达式如下[86]（叶中行，2007）：

$$H(I) = E(I_i) = -\sum_{i \in I} p(i)\log p(i) \tag{2-19}$$

其中，当取以2为底的对数函数时，熵的单位为比特（Bit）。当取以e为底的对数函数时，熵的单位为奈特（Nat）。当取以10为底的对数函数时，熵的单位为哈特莱（Hartley）。由其表达式可以看出，信息熵是基于随机过程概率理论，对单个非线性系统信息的度量，描述的是系统中所有事件自信息的期望。

2.1.3.2　联合熵和条件熵

当一个系统扩展为两个系统或多个系统时，我们可以定义其联合熵来度量其不确定性。以二维随机变量为例，在单个系统信息熵定义的基础上，二元系统（I，J）的联合熵被定义为联合自信息的数学期望，其具体表达式如下：

$$\begin{aligned} H(I,J) &= E(I_{i,j}) \\ &= -\sum_{i \in I}\sum_{j \in J} p(i,j)\log p(i,j) \end{aligned} \tag{2-20}$$

其中，（i，j）中，$i \in I$，$j \in J$ 为二元系统（I，J）的可能取值，p（i，j）为（I，J）的联合概率密度函数，则其度量的是二元系统的不确定性。

而条件熵表示当 I 已知时，J 的信息熵，即在 I 给定的情况下，J 的不确定性。其具体表达式如下：

$$\begin{aligned} H(J \mid I) &= \sum_{i \in I} p(i) H(J \mid I = i) \\ &= -\sum_{i \in I} p(i) \sum_{j \in J} p(j \mid i)\log p(j \mid i) \\ &= -\sum_{i \in I}\sum_{j \in J} p(i,j)\log p(j \mid i) \end{aligned} \tag{2-21}$$

则联合熵和条件熵之间存在以下关系：

$$H(I,\ J)=H(I)+H(J\mid I)$$
$$=H(J)+H(I\mid J) \tag{2-22}$$

其证明过程如下：

$$\begin{aligned}H(I,J) &= -\sum_{i\in I}\sum_{j\in J}p(i,j)\log p(i,j)\\ &= -\sum_{i\in I}\sum_{j\in J}p(i,j)\log p(i)p(j\mid i)\\ &= -\sum_{i\in I}\sum_{j\in J}p(i,j)\log p(i) - \sum_{i\in I}\sum_{j\in J}p(i,j)\log p(j\mid i)\\ &= -\sum_{i\in I}p(i)\log p(i) - \sum_{i\in I}\sum_{j\in J}p(i,j)\log p(j\mid i)\\ &= H(I) + H(J\mid I)\end{aligned} \tag{2-23}$$

当二维随机变量（I，J）相互独立时，其联合熵则等于 I 和 J 各自的信息熵之和：

$$H(I,\ J)=H(I)+H(J) \tag{2-24}$$

2.1.3.3　相对熵

而对于概率分布存在差异性的两个系统之间，可以定义它们之间的相对熵即 KL（Kullback－Leibler）散度来度量其概率分布之间的差异性。相对熵具体的表达式如下：

$$D(p\parallel q) = \sum_{i\in I}p(i)\log\frac{p(i)}{q(i)} \tag{2-25}$$

其中，$p(i)$和 $q(i)$分别表示集合 I 上两个不同的概率分布函数。由其表达式可知，相对熵是非对称的，即 $D(P\parallel Q)\neq D(Q\parallel P)$。其中，$D(P\parallel Q)$描述的是当用 Q 表示的概率分布拟合 P 表示的真实分布时所损耗的信息。$D(Q\parallel P)$描述的是当用 P 表示的概率分布拟合 Q 表示的真实分布时所损耗的信息。

2.1.3.4　互信息

在我们生活的世界中，任意两个系统之间都应该相互影响、相互关联。所以在确定其中一个系统 I 取值信息的情况下，应该可以从中得到另一个系统 J 的部分信息，即随机变量 I 中蕴含着另一个随机变量 J 的部分信息，对于这种信息的度量，即为互信息。对于两个金融系统来说，互信息就是两个金融系统之间的信息 DE 传递程度，即相互关联性的一种度量。其定义如下：

$$M_{IJ} = \sum_{i \in I, j \in J} p(i,j) \log \frac{p(i,j)}{p(i) \times p(j)} \tag{2-26}$$

其中，$p(i)$ 和 $p(j)$ 分别为二元随机变量系统 (I, J) 的边缘概率密度函数，$p(i, j)$ 则为其联合概率密度函数。从其表达式可以看出，互信息 $M(I, J)$ 其实就是二元系统 (I, J) 的联合概率密度函数 $p(i, j)$ 和边缘概率密度函数 $p(i)$ 和 $p(j)$ 乘积的相对熵。

由此可以进一步推断出互信息和熵之间的关系：

$$\begin{aligned} M_{IJ} &= \sum_{i \in I, j \in J} p(i,j) \log \frac{p(i,j)}{p(i) \times p(j)} \\ &= \sum_{i \in I, j \in J} p(i,j) \log \frac{p(i|j)}{p(i)} \\ &= -\sum_{i \in I, j \in J} p(i,j) \log p(i) - \left[-\sum_{i \in I, j \in J} p(i,j) \log p(i|j)\right] \\ &= H(I) - H(I|J) \end{aligned} \tag{2-27}$$

同时，由前面得到的等式 $H(I, J) = H(J) + H(I|J)$ 可知，

$$\begin{aligned} M_{IJ} &= H(I) - [H(I, J) - H(J)] \\ &= H(I) + H(J) - H(I, J) \end{aligned} \tag{2-28}$$

进而可以得出，

$$\begin{aligned} M_{IJ} &= H(I) + H(J) - H(I, J) \\ &= H(I) - H(J|I) \\ &= H(J) - H(I|J) \end{aligned} \tag{2-29}$$

由上述结论可知，互信息 $M(I, J)$ 表示的是在已知 J 系统的条件下，系统 I 不确定性的减少量。

同时注意到，

$$M_{II} = H(I) + H(I) - H(I, I) = H(I) - H(I \mid I) = H(I) \quad (2-30)$$

说明，随机变量自身的互信息等于该随机变量的熵，故熵有时候也被称为自信息。

同时也可以推断出当 I 和 J 相互独立时，二者之间的互信息为零，即其中一个系统不包含另一个系统的任何信息。

可以用下图来表示熵和互信息之间的关系，如图 2 -6 所示：

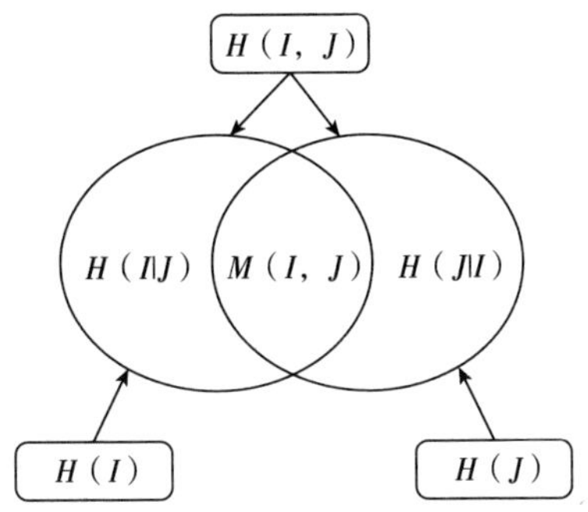

图 2 -6　互信息与熵之间的关系图

2.1.3.5　转移熵

由互信息的表达式可知，熵和传统的线性相关系数互信息是对称的，即 $M_{IJ} = M_{JI}$，其中，系统 I 中所蕴含的 J 的信息量和系统 J 中所蕴含的 I 的信息量是一致的，这意味着互信息不包含系统间信息流动的方向性上的度量。而对于很多学科领域的研究来说，系统间信息传递的方向性蕴含着极其重要的信息，能够极大地促进人们对系统现象的理解和对其背后系统规律的挖掘。

转移熵一个不容忽视的优点是它考虑的是排除了公共历史信息以后的真正来源于源序列本身的统计相关性，在面对复杂系统之间的相关性分析时，转移熵的这种特性更凸显出了它的实用性和适应性。

转移熵（Transfer Entropy）的概念是由 Schreiber 于 2000 年第一次提出的[88]（Schreiber，2000），其具体表达式如下：

$$T_{J\to I} = \sum p(i_{t+1}, i_t^{(k)}, j_t^{(h)}) \log \frac{p(i_{t+1} \mid i_t^{(k)}, j_t^{(h)})}{p(i_{t+1} \mid i_t^{(k)})} \tag{2-31}$$

其中，$i_t^k = (i_t, \cdots, i_{t-k+1})$，$j_t^{(h)} = (j_t, \cdots, j_{t-h+1})$，分别表示 k 阶和 h 阶马尔科夫过程，通常情况下认为 $k = h = 1$。$p(i_{t+1}, i_t^{(k)}, j_t^{(h)})$，$p(i_{t+1} \mid i_t^{(k)}, j_t^{(h)})$ 和 $p(i_{t+1} \mid i_t^{(k)})$ 均表示状态转移概率。则式（2－31）表示 t 时刻 J 序列所排除的关于 I 序列在 $t+k$ 时刻的不确定性程度（不包括 I 序列本身 t 时刻所消除的 I 序列 $t+k$ 时刻的不确定性）。

从其表达式可以看到，它不仅提供了一个对系统间方向信息和动态信息的度量方式，更重要的是它给出的是非线性系统间的相关关系。即对两个系统而言转移熵包含着一定方向上的信息，序列 I 到序列 J 的转移熵和 J 到 I 的转移熵是不相等的。$T_{J\to I}$ 转移熵越大，表示 J 对 I 的影响就越大，进而可以由此判断不同系统间的影响力的强弱。除此之外，虽然转移熵本质上是基于信息论定义的，但是它改善了不同度量信息转移方向的缺陷。

既然转移熵包含非线性系统间方向性的信息，而金融系统作为一个非线性系统，其中的每个经济单元都存在着一定的异质性，即转移熵的性质正好契合了金融系统的本质特性。所以，在利用空间计量经济理论构建空间权重矩阵的过程中，基于转移熵的信息度量允许空间单元彼此之间的权重是不相等的，这打破了传统矩阵中关于任意两个空间单元间的权重都是相等的认知。更重要的是，转移熵利用经济单元间的真实数据，计算彼此之间的有向信息，可以实现金融系统中一个单元对另一个单元真实影响的度量。目前已有很多学者成功地将其应用于金融领域的研究中[26,89－91]（Baek 等，2005；Shi 和 Shang，2013；Li 等，2013；Liang 等，2014）。

2.1.3.6 符号化转移熵

虽然转移熵包含了方向上的信息，但是其对各参数的协调性的要求很高，对噪声也很敏感，这极大地限制了其在时间序列数据上的应用。针对这个问题，Staniek等提出了符号化转移熵的概念[92]（Staniek 和 Lehnertz，2008）。他采用静态划分方法，根据数据所属的特定区间定义其符号化值，解决了参数的协调性问题。虽然静态划分法保留了原始序列的动力学特征，但是也导致了部分信息的丢失。基于此，本书采用吴莎等提出的改进的动态自适应符号化方法对原始序列进行划分[93]（吴莎等，2013），有效地解决了这个问题。因此本书采用这种动态自适应的划分方法，具体处理过程如下：

（1）对金融系统时间序列数据 $\{i(t): 1 \leqslant t \leqslant T\}$ 进行映射：

$$I(t) = [i(t), i(t+\tau), \cdots, i(t+(m-1)\tau)] \tag{2-32}$$

其中，m 表示映射空间的维度，τ 表示时间延迟，$I(t)$ 表示映射后的 m 维向量。

（2）计算（1）中得到的 $I(t)$ 的基本尺度[94]（Huang 等，2009）：

$$BS(t) = \sqrt{\frac{\sum_{j=1}^{m-1}[i(t+j) - i(t+j-1)]^2}{m-1}} \tag{2-33}$$

（3）根据（2）中得到的基本尺度，对（1）中得到的 $I(t)$ 进行动态自适应符号化赋值：

$$S_t(t) = \begin{cases} 0, & \bar{i} < i_{t+k} \leqslant \bar{i} + \alpha \times BS, \\ 1, & i_{t+k} > \bar{i} + \alpha \times BS, \\ 2, & \bar{i} - \alpha \times BS < i_{t+k} \leqslant \bar{i}, \\ 3, & i_{t+k} \leqslant \bar{i} - \alpha \times BS \end{cases} \tag{2-34}$$

其中，$t=1, 2, \cdots, T-m+1$，$k=0, 1, \cdots, m-1$，$\bar{i}$ 表示 $I(t)$ 的均值。本书中，我们在完成自适应动态符号化赋值以后，依据式（2-28）对系统

间的符号化转移熵进行计算，进而进行空间权重的构建以及有向加权复杂网络的构建。

2.1.4 复杂网络理论

我们现实生活中的任意一个复杂系统均可以被抽象为复杂网络。随着近年来复杂网络理论的逐渐兴起，其在各个领域，如计算机科学、生物科学、物理科学和金融经济等都得到了相关学者的广泛关注并取得了一系列显著的研究成果[62,95-101]（Zhuang 等，2014；Watts 和 Strogatz，1998；Si 和 Albert，1999；Albert 和 Barabási，2002；Parshani 和 Stanley，2011；Rubinov 和 Sporns，2010；Hao 等，2016；Zhou 和 Luo，2008）。其研究机制是通过将复杂系统中的基本单元抽象为网络节点，将个体间的复杂关系抽象为边，然后按照某种特定的方式来构建网络，进而对其拓扑结构和动态演变行为进行分析，并对系统呈现出的现象进行研究，以揭示现象背后系统隐藏的内在规律和运行机制。而近年来，随着相关学者对复杂网络理论的进一步研究，发现复杂网络分析方法在捕捉非线性时间序列的信息上有着非常显著的成效[55,56,102-104]（Zhang 和 Small，2006；Xu 等，2008；Lacasa 和 Toral，2010；Donges 等，2012；Huang 等，2015）。而其中面临的核心问题是怎样选取合适的方式将时间序列的信息反映到复杂网络中，即如何构建复杂网络的问题。虽然相关学者也提出了一些方法，但大多是关于无向无权复杂网络的构建方法。即仅根据两个基本单元间是否存在关联进行判断，如果二者之间存在某种联系，则认为其存在连接边；否则认为二者之间没有连接边。当然也有部分学者提出了无向加权网络的构建方法，其在前者构建连接边的基础之上，补充了基本单元间连接强度的信息，即权重大小。相比无向无权网络来说，无向加权网络的构建能够在一定程度上更加充分地体现原始数据间的信息，也更加与现实中的复杂系统特性相吻合。然而，现实系统中的两个单元间除了连接强度上的信息以外，还存在连接方向信息上的关联，即单元 i 对单元 j 的影响和单元 j 对单元i的影响可能是不同的。为了弥补这一缺陷，近年来越来越多的学者开始关注有向加权复杂网络的构建方法及其应用效果。与无向无权以及无向加权网络相比，有向加权网络不仅能够提供网络节点的连接强度信息，也能够提供关联方向上的信息，这使得其在实际应用中的优势更加明显，取得了显著的研究成果。

另外，金融市场作为一个复杂的非线性动力系统，其蕴含着大规模的时间序列数据。这与复杂网络分析方法的特性极其吻合，极大地促进了其在金融领域的应用，为相关学者在金融领域的研究提供了一个新的思路和方向。本书正是基于这样的一个研究思路，提出了一种新的基于符号化转移熵的时间序列有向加权复杂网络构建方法，并通过利用其网络属性信息代替原始数据的方式构建空间计量经济模型，以去除金融市场中的冗余信息，提取其有效信息来建模，以期能够更加精确合理地揭示金融市场行为规律，从而为投资者以及政策制定者提供一定的理论参考。

2.2 国内外文献综述

国外很多学者对金融风险传染进行了研究并取得了一系列的研究成果。Andrei等（1991）研究了个体投资者情绪变化对封闭式基金折价波动的传染效应，以行为金融为视角，对金融市场价格波动的联动现象进行了阐述[105]。Worthington和Higgs（2004）利用多元GARCH模型，对澳大利亚电力市场价格变动的相互影响进行了分析，进而对其现象后的风险传染机制进行了研究[106]。Baur和Lucey（2009）通过对全球八大经济体在各国际金融危机期股票和债券市场相关性的研究，发现投资转移现象普遍存在于各经济体，并认为投资转移和风险传染具有一定的内在联系[107]。Gannon（2010）利用GARCH模型构建了多市场同步波动率模型，以澳大利亚和美国金融市场数据为分析对象，证实了隔夜传染与同步传染效应[108]。Baur（2012）利用传统 GARCH 模型，以全球 25 个主要发达和新兴股票市场的 10 个行业板块为分析对象，研究了 2007～2009 年全球金融危机期间，从金融板块对实体经济的传染机制和特征。发现在金融危机期间，各经济体金融板块间以及金融板块和实体板块间的协同运动程度都有所增长[109]。

国内学者如靳飞等[110]（2009）采用 Logit 模型，利用订单流数据对我国股票市场内部的高市值股票和低市值股票间的正向和负向风险传染和投资转移现象进行了分析。金涛（2010）指出，金融变量之间的联动性体现在很多形式上，比如，内生性或外生性联动，同步、先行或滞后联动，一阶矩（均值项）或二阶矩（方差项）联动，相关关系、因果关系、协整关系等。本书则在有向非对称信息的视角下，重点关注其一阶矩（均值项）或二阶矩（方差项）之间的联动性变化。

罗明华[111]（2012）利用传统似不相关计量经济模型分析了宏观经济政策的变动对我国股票市场和债券市场的风险传染和投资转移现象。田益祥等（2013）[112]利用动态面板模型实证表明主权信用评级对股票市场和债券市场存在显著的非对称效应，对股票市场的冲击大于对债券市场的冲击。张高勋等（2013）[113]利用 Pair－copula 方法估计金融市场资产组合的非线性结构，结合广义逆高斯分析（NIG），构建新的 VaR 风险度量模型。蒋志平等（2014）[114]采用了 Copula 函数理论研究了金融市场的风险传染。李立等（2015，2017）[20,81]通过构建引力空间计量经济模型，分别对欧债危机的传染方式、传染路径以及金融风险传染冲击实体经济的动态演变机制进行了研究。

综上可以看出，对金融风险传染现象的研究是当前相关学者关注的重要问题之一。但是在当前经济形势下金融风险传染呈现出了一些多维、混合等新的信息特点，这些常用的传统金融风险传染模型可能无法有效解释新特点下金融风险传染现象。所以如何对传统金融风险传染模型进行改进，以更有效地捕捉金融市场间的信息，进而更加客观合理地解释金融风险传染现象及特征，是本书研究的一个重要问题。

空间计量经济学的发展历史并不是很悠久，但已被有效应用于城市经济和经济地理学等研究领域，并越来越受到其他经济领域的欢迎[72]（Anselin，2010）。它对相邻空间单元之间的相互作用进行建模并对它们之间的溢出效应进行量化。而且空间相互依赖性不需要被限于纯粹的地理意义，也可以适用于经济或社会层面。尽管当代金融交易主要是电子化和轻量化的，但已有的国外文献中提供的越来越多的证据表明了空间因素的重要作用。例如，跨境股票市场间联系的地理上的接近度或者经济和金融上的相似性等[3,23,115-119]（Fernández，2012；Asgharian等，2013；Candelon，2007；Eckel 等，2011；Flavin 等，2002；Frexedas，2005；Wälti，2011）。而对金融领域的空间依赖结构进行建模基本上是被忽略的[120]（Fernandez，2011），其在金融应用中还不是很常见[22]（Arnold 等，2013），但在全球金融危机爆发之后它受到了相关学者的更多关注[23,121]（Asgharian 等，2013；French 等，2009）。Fernández（2012）和 Frexedas（2005）[3,118]利用空间计量技术对股票市场的协同运动及连接渠道进行了识别。Arnold 等（2013）和 Asgharian（2013）等[22,23]使用不同订单数据的空间滞后模型对股票收益率进行了建模。不同的是前者是对风险的预测，后者则是对空间股票市场连接渠道的识别，并对空间系统中一个市场向其他市场传导冲击的影响进行了估计。Fernandez（2011）[120]提出了一个空间资本资产定价模型来量化市场投资组合的风险溢价，而 Zhu 和 Hui（2010）[122]通过估计一个空间误差模型对中国股票收益率对其他市场收益的影响进行了评估。Tam（2014）[6]同时考虑了多边依赖结构和冲击传导机制在空间和时间上的滞后，并对亚洲股票市场进行了研究。

尽管国内对于空间计量经济理论的研究还处于起步阶段，但相关研究还是取得了一些成果。张嘉为等（2009）[123]通过构建基于区域变量协动程度的协动空间权重矩阵，对我国 31 个省份间对外贸易的空间相关性进行了研究。程棵等

(2012)[19]通过构建地理距离和经济关系空间权重矩阵，对风险传染中空间关系的影响进行了研究。李立等（2015）[20]通过结合地理区域和经济状态指标的引力空间权重矩阵构建空间计量经济模型，对以欧债危机期间各经济体风险传染的过程进行了研究。

转移熵的理论基础是基于 Shannon（1949）[124]和 Kolmogorov（1993）[125]所写的关于信息论的文献[126]（Billingsley，1999）构建的，旨在以非参数化和确定的不对称的方式量化两个时间序列之间的信息流（Marschinski 和 Kantz，2002）[25]。从形式上讲，这种无模型的方法允许以非常一般的方式检测数据间的统计相关性，特别是它不限于线性统计，而是可能揭示所有数据类型间的时间相关性。近年来，其在金融领域的应用得到了越来越多的国外学者的关注。Marschinski 和 Kantz（2002）[25]利用有效转移熵对道琼斯和 DAX 股指这两个金融时间序列之间的信息流进行了测度，有效解决了有限样本的限制问题。Baek 等（2005）[26]利用转移熵方法研究了美国股市间信息传递的强度和方向。Peter 和 Dimpfl (2010)[28]利用转移熵对金融市场之间的信息流进行度量，研究了信用违约掉期市场相对于公司债券市场对信用风险定价的重要性。Borge 等（2015）[29]利用微博时间序列的符号化转移熵方法提取构建社会系统中各地理定位之间相互影响的有向网络，这种方法能够捕捉到和社会相关集体现象接近的系统级动态的出现。Toriumi 和 Komura（2018）[127]利用转移熵的方法对股市之间的关系进行分析，进而构建了一个新的投资指数，以帮助个人投资者进行风险管理。而国内学者利用转移熵对金融市场进行研究的相对较少。Mao 和 Shang（2017）[128]利用基于二维或高维系统的多变量转移熵方法对不同股票市场的金融时间序列数据间的信息流进行了分析，并提出了将收盘价和交易量结合起来作为二维变量来估计因果关系的新思路。Teng 和 Shang（2017）[129]提出了一个基于转移熵方法和多尺度方法定义的传递熵系数来量化金融时间序列间的信息流。任德孝和刘清杰（2017）[130]利用转移熵对中国地区间不对称税收竞争中的税收政策信息流向进行了研究，以分析地区间不对称税收竞争动态过程。

作为近些年被提出的用于研究复杂系统的方法，复杂网络在金融领域的应用也是日渐广泛。因为金融市场是由许多相互作用的单位组成的自适应复杂网络的一个非线性系统，这样的特点与复杂网络的机制非常契合，所以构建的网络可以在一定程度上反映出市场的行为。第一个网络模型是由 Mantegna 和 Stanley（1999）提出的[131]，他们以美国道琼斯指数和标准普尔 500 指数中各成分股作为研究对象，通过计算股票间的相关系数从而构建了股票关联网络。这一开创性工作激发了后续一系列的研究。Boss 等（2004）[132]基于奥地利中央银行的数据，对奥地利银行间市场的网络结构进行了实证分析。其中，银行间市场被解释为一个网络，银行是节点，银行之间的索赔和责任则被定义为网络连接的边。Namaki 等（2011）[133]利用随机矩阵理论概念来确定相关矩阵的最大特征向量，以其作为股票网络的市场模式。同时为了更好地进行风险管理，本书通过从数据中去除市场模式来对相关矩阵进行清理，然后基于残差构造这个矩阵。Markose 等（2012）[134]首次构建了美国信用违约互换市场的经验校准的金融网络结构，且给出了“过于相互连接而失败”的拓扑表征。这体现在被认定为“超级扩张者”的少数参与者之间金融风险的高度集中或本地化现象。Nobi 等（2015）[135]重点基于对 2008 年全球金融危机期间韩国股市的股价危机之前，危机期间和危机之后三个时期的考虑，依据从股票价格时间序列的归一化对数收益之间的相关系数分别构建最小生成树和分层网络。Silva 等（2016）[136]采用基于网络的方法详细分析了金融机构在巴西银行间市场中的作用。George 和 Changat（2017）[137]基于 1 年以上的股票动态变化的日时间序列数据，对美国股票市场进行网络构建，以此分析挖掘市场中的关键参与者。

国内在复杂网络的研究方面也取得了较为显著的成果。李昊等（2012）[138]通过构建复杂金融网络少数者博弈模型，基于随机网络、小世界网络及无标度网络，对金融市场中的复杂现象进行了验证，并对复杂网络的学习机制和学习结构等在博弈中的重要性进行了分析。黄玮强等（2013）[139]利用复杂网络方法，将其属性节点的出度作为被解释变量，结合传统计量经济模型对我国股票市场中各股票间的信息传递关系进行了研究。邓超和陈学军（2014）[140]利用复杂网络理论，对金融系统中的传染风险模型进行系统研究。提出了一套较为完善的分析方法。欧阳红兵和刘晓东（2015）[141]通过构建最小生成树和平面极大过滤图网络对银行间同业拆借市场进行研究，以动态识别银行网络中的重要节点。Du 等（2016）[142]在分析了上市能源公司与其股东之间股权关系的基础上，通过采用复杂网络理论的前沿方法，从全球角度将这些关系视为异构复杂网络，分析了全球能源投资结构。Li 等（2016）[143]研究了全球石油贸易网络的整体拓扑结构特征，如度分布、连接强度、累积分布、信息熵和权重聚类等，也研究了网络结果的动态演变过程。

2.3 本章小结

本章以本书的研究背景和研究方法为基础，对本书涉及的金融风险传染理论、空间计量经济理论、信息论和复杂网络理论的相关知识进行了详细的介绍，并对其国内外研究现状进行了梳理。

（1）本章首先介绍了当前金融风险传染理论的研究现状。发现在当前金融事件频发、全球经济环境动荡的背景下，对金融风险传染进行研究具有一定的理论意义和现实指导意义。但是当前的研究方法存在着一定程度的缺陷，可能无法客观合理地揭示其内在规律。因此如何对这些传统方法进行改进，以在一定程度上更加有效地对金融风险传染问题进行研究是相关学者当前面临的一个重要问题。

（2）本章介绍了空间计量经济理论所涉及的空间效应的基本概念，空间权重矩阵的构建方式及其发展历程以及常见的空间计量经济模型等内容。发现尽管其通过引入空间效应弥补了传统经济模型的缺陷，但是现有的相关理论在实际应用中存在很多不足之处，可能已经无法有效捕捉当前经济形势下呈现出的多维、混合和非对称等新特点的空间交互影响。因此有必要对其进行进一步的拓展，以发展和丰富当前空间计量经济理论体系，进而更进一步满足金融领域实际应用中的需求。

（3）本章介绍了信息论中转移熵的概念及其符号化过程。这是本书构建 DAI 经济空间的理论基础。金融市场中的活动行为是非对称的，而传统空间权重矩阵均是基于对称思想构建的，这与金融客观事实是不相符的。所以为了更加客观合理全面地描述金融单元间的空间结构关联，依据金融市场实际活动行为的非对称性特点构建有向非对称信息空间是捕捉金融市场信息的有效手段。

（4）本章介绍了时间序列复杂网络分析方法。金融市场是一个复杂的非线性系统，其同时又蕴含着大量的时间序列数据，这样的特点十分适合利用复杂网络分析方法对其进行研究。而该方法在捕捉时间序列数据的信息上的显著效果已被证明。而目前所见文献大多是无向无权网络，或者是无向加权网络，这与金融单元间的联系所呈现的特征也是不符的，所以寻找一种合适的方法来构建有向加权网络对于金融领域的研究具有重要意义。

总之，本章介绍了文中所涉及的所有相关理论和概念，这为后续章节研究中模型的改进与构建和实证结论的解释提供了理论支撑和方向指导。

第3章　金融风险传染的 DAI 度量模型及有效性检验

本章结合信息论，利用转移熵方法在传统计量模型中引入两个经济单元间的信息影响变动权值，以对传统 GARCH 模型进行改进，构建 DAI 度量模型。以英国脱欧为背景，对全球九大主要经济体股票市场和债券市场间的非线性信息流进行动态捕捉，以分析两个市场间的关联性在危机期的变化程度。

3.1　研究思路

投资者往往会持有多种资产以期在金融危机时期能够有效地降低风险损失。如果危机时期资产多元化带来的益处不明显，如股市和债市呈现同向运动，则常认为发生了跨市场风险传染。而如果某些资产的价格在危机时期有所提高，如股市和债市呈现异向运动，则常认为发生了跨市场投资转移。正是由于投资转移现象的存在，投资者可以通过持有股票和债券两种资产以遭受更少的经济损失，因为其中一种资产会产生正向收益。跨市场风险传染和跨市场投资转移统称为跨市场效应。

关于风险传染和投资转移的研究已有不少成果，Keim 和 Stambaugh（1986）第一次对股票和债券市场间的相关性进行了研究[144]。Ilmanen（2003）通过对1929～2001年美国的股市和债市收益率的研究发现，二者整体呈正相关关系，但是部分子样本期为负相关关系，并将影响二者相关性的因素归于经济货币政策周期、通货膨胀率和波动性冲击[145]。King 和 Wadhwani（1990）分析了1987年10月的各国股市，尽管各国经济环境存在很大差异，但几乎所有股市都存在同时下跌的情况，并通过构建模型验证了各国股市间传染效应的存在[146]。Metiu（2012）对2008～2012年欧元区的主权风险传染进行了研究，发现在此期间欧元区国家的长期债券收益率之间存在显著的传染效应，并发现市场风险偏好是主权风险的重要决定因素[147]。Gai 和 Kapadia（2010）通过构建任意结构的金融网络分析模型，分析了网络结构变化和资本市场流动性对传染概率的影响，发现金融体系具有稳健但脆弱的特征，当传染概率很低但危机发生时，传染效应也会很广泛[148]。Baur 和 Lucey（2009）通过对全球八大经济体在各经济危机事件期股票和债券市场相关性的研究，发现投资转移现象普遍存在于各经济体，并认为投资转移和风险传染具有一定的内在联系[149]。Mustafa 和 Samsudin（2015）通过利用 DCC 模型对美国引发的全球金融危机前期、中期和后期股票和债券市场相关性的研究，验证了危机时期投资者从股票到债券市场安全性投资转移行为的存在[150]。国内也有很多学者对跨市场效应进行研究。靳飞等（2009）以订单流和市场流动性为视角研究了中国股票市场内，高市值与低市值股票之间的风险传染和投资转移现象[110]。袁晨和傅强（2010）利用 GARCH 模型对2007～2009年我国股票、债券和黄金市场之间跨市场效应的阶段时变特征进行了分析[151]。罗明华和田益祥（2012）通过构建似不相关模型检验了利率变动的跨市场效应，并通过构建时变参数状态空间模型刻画了利率变动跨市场效应的时变特征[152]。

而随着全球经济一体化和金融自由化程度的不断加深，各国（地区、城市）

之间的经济联系也越来越紧密。某一经济体经济危机或突发事件的发生都有可能产生“多米诺骨牌”效应，使邻域或贸易紧密的经济体遭受影响，进而造成市场间的风险传染或投资转移效应，并引起市场震荡，甚至对全球经济造成影响。尤其是20世纪80年代以来，全球金融危机不断爆发，如20世纪80年代的拉美债务危机、1994年的墨西哥金融危机、2001年的美国“9·11”事件、2002年的阿根廷金融危机、2007~2009年的美国次贷危机、2010~2012年的欧洲主权债务危机等，无一例外都引起了全球金融市场的波动。所以对金融市场间的跨市场效应研究越来越具有实际意义，对投资者和政策制定者也具有一定的理论指导意义，吸引了众多学者进行研究。而2016年可以说是一个全球“黑天鹅事件年”，先是2016年6月23日英国就是否脱离欧盟进行公投，最终以赞成脱欧终结。这是第一个黑天鹅事件，其对欧洲乃至全球金融市场都造成了重大影响，各主要经济体股市短时间内应声下跌，英镑、欧元贬值，美元和日元升高。11月8日，特朗普战胜希拉里成为美国第45任总统。这是第二大黑天鹅事件，对政治格局、全球经济及外交等都将造成影响，而特朗普主张的经济政策也将对全球经济产生重大影响。12月4日意大利举行修宪公投。第二天，以反对票超过赞成票失败，且当日意大利总理宣布辞职。这是2016年的第三大黑天鹅事件。结果公布后，欧元应声大跌。欧元金融体系稳定性再次面临巨大考验，意大利恐有脱欧的趋势。

本章以2016年第一个黑天鹅事件英国脱欧公投为背景，在Baur和Lucey利用传统GARCH模型对股市和债券市场进行跨市场效应研究的基础上，结合信息论，引入符号化转移熵，构建基于时变符号化转移熵的GARCH模型，分别研究了英国脱欧在美国、日本、德国、法国、英国、意大利、中国、澳大利亚和加拿大全球九大重要经济体的股票市场和债券市场间引起的跨市场风险传染和投资转移效应。

本章的研究思路如图3-1所示：

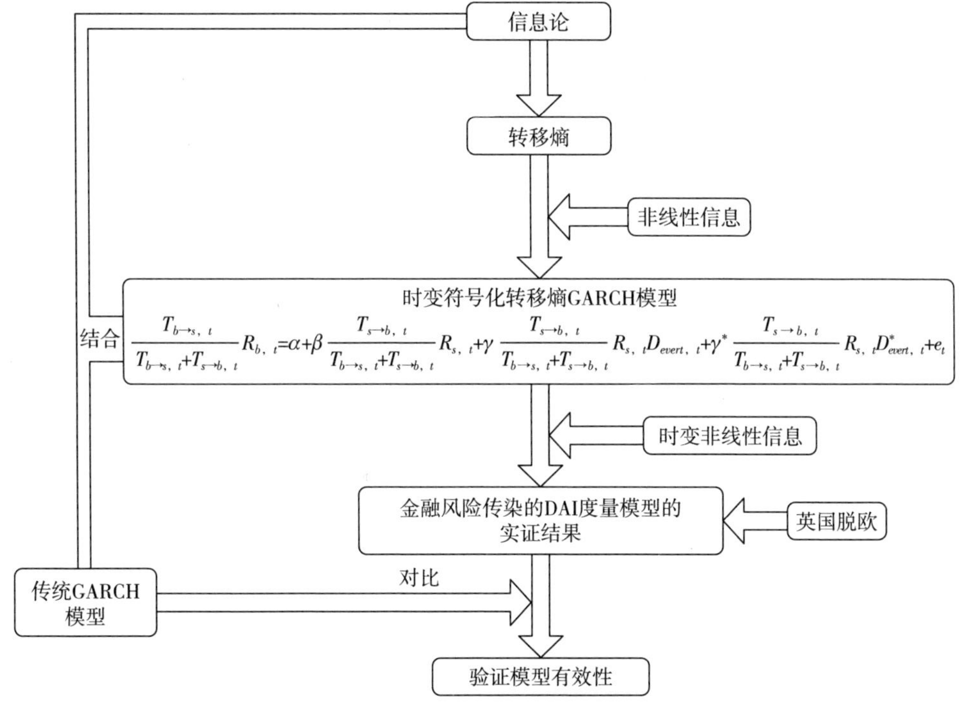

图 3－1 本章研究思路路线图

3.2 DAI 度量模型的构建

3.2.1 风险传染和投资转移的定义

跨市场效应一般被认为是市场风险引起的跨市场投资转移现象和跨市场风险传染现象。

市场风险会在不同的金融子市场之间传染，如股票市场和国债市场之间、外汇市场和股票市场之间的风险传染等。跨市场风险传染通常被定义为经济危机时期不同金融市场间的关联性相比经济稳定时期出现显著正向增加的现象。即当不同金融市场间的协同运动（金融市场向同一个方向运动的趋势）的程度增强时，认为二者之间发生了跨市场风险传染现象。如从危机前的负关联性在危机时期变为正关联性，或者从危机前的正关联性在危机时期呈现出更显著的正关联性。但是如果仅存在关联性的正向增加，而最终两市场的关联性却仍是负相关，则不是风险传染现象。如从 -0.8 到 -0.3，虽然有 0.5 的正向增加，但二者的最终运动方向却仍是异向的，不是同向的。这种情况就不属于风险传染。

投资者在不同的金融子市场之间进行投资转移，通常是指当一个金融子市场受到冲击时，如果同期存在其他不断增值的不同的金融子市场，则投资者会在二者之间进行投资转移。相应地，投资转移通常被定义为经济危机时期不同金融市场间的关联性相比经济稳定时期出现显著负向减少的现象[149,153-155]（Baur 和 Lucey，2009；Baig 和 Goldfajn，1999；Forbes 和 Rigobon，2002；Baur 和 Fry，2009）。即当不同金融市场间的协同运动（金融市场向同一个方向运动的趋势）的程度降低时，认为二者之间发生了跨市场投资转移现象。若是股市到债市的投资转移，称其为安全性投资转移；反之，若是债市到股市的投资转移，则称其为流动性投资转移。投资转移包括从危机前的正关联性变为危机时期的负关联性和从危机前的负关联性变为在危机时期更显著的负关联性两种情况。同理如果仅存在关联性的负向减少，而最终两市场的关联性却仍是正相关，则不是投资转移现象，如从 0.7 降低到 0.2。只有同时满足关联性的负向降低和最终呈现异步运动趋势两个条件，才属于投资转移效应。无论是安全性投资转移还是流动性投资转移，都会呈现出股市和债市相关系数显著降低的共同特征。不同的是安全性投资转移发生在股市大跌时期，而流动性投资转移则发生在债券市场大跌时期。

从跨资产的视角来看，跨市场风险传染和跨市场投资转移是互斥的，如果两个不同的金融资产之间存在跨市场风险传染，则就不可能存在投资转移现象；反之亦然。而从跨国的角度来讲，二者是可以并存的。如若各国的股票市场间发生风险传染而造成同时下跌，可能会导致这些国家从股票市场到债券市场的投资转移现象；若同时发生从债市到股市的投资转移，则各国的债市之间可能会发生风险传染。另外，风险传染和投资转移也可能彼此促进或削弱。风险传染可能会加剧（削弱）投资转移，投资转移也可能会使风险传染更加严重（减弱）。

本章以股票市场和债券市场为例，对跨市场风险传染和投资转移进行定义。如表 3－1 所示：

表 3－1　股市和债市间风险传染和投资转移的定义

<table>
<tr><th>市场涨跌情况</th><th>风险传染：
关联性发生正向改变且呈同步运动趋势</th><th>投资转移：
关联性发生负向改变且呈异步运动趋势</th></tr>
<tr><td>股市下跌</td><td>风险传染（同跌）</td><td rowspan="2">股市到债市的
安全性投资转移（Flight－to－quality，FTQ）</td></tr>
<tr><td>债市上涨</td><td>风险传染（同涨）</td></tr>
<tr><td>股市上涨</td><td>风险传染（同涨）</td><td rowspan="2">债市到股市的
流动性投资转移（Flight－from－quality，FFQ）</td></tr>
<tr><td>债市下跌</td><td>风险传染（同跌）</td></tr>
</table>

3.2.2　时变符号化转移熵 GARCH 模型

考虑到金融市场是一个复杂系统，经济危机、突发事件和黑天鹅事件都往往会引起系统的不稳定进而造成系统间相互影响的变化，而这种变化必然会对市场间的关联性产生一定影响。所以有效捕捉系统间相互影响信息的变化对于更加客观合理地估计市场间的关联性具有重要意义。本章以此为出发点，利用转移熵能够捕捉非线性系统间有向非对称的相互影响信息及其捕捉的来源于源序列本身统计相关性的优点，将股市和国债市场间的时变转移熵结果构建的影响变动权值引入模型，以动态的捕捉股市和债市间内部因素的相互影响，进而更加精确合理地估计金融市场间的关联性。

基于此，本章在 Baur 构建的 GARCH 模型基础之上[149]（Baur 和 Lucey, 2009），为了更加精确细节地捕捉市场间的关联性，本章结合信息论引入转移熵，构建了基于两个经济单元的时变转移熵 GARCH（1，1）模型用来检验股市和债市间的跨市场效应。

模型书写如下：

$$\frac{T_{b\to s,t}}{T_{b\to s,t}+T_{s\to b,t}}R_{b,t}=\alpha+\beta\frac{T_{s\to b,t}}{T_{b\to s,t}+T_{s\to b,t}}R_{s,t}+\gamma\frac{T_{s\to b,t}}{T_{b\to s,t}+T_{s\to b,t}}R_{s,t}D_{event,t}$$

$$+\gamma^{*}\frac{T_{s\to b,t}}{T_{b\to s,t}+T_{s\to b,t}}R_{s,t}D_{event,t}^{*}+e_{t} \qquad (3-1)$$

$e_t \sim N$（0，σ_t^2），$\sigma_t^2=\omega+\lambda e_{t-1}^2+\rho\sigma_{t-1}^2$，$t=1$，2，…，$T$

其中，$T_{b\to s,t}$和 $T_{s\to b,t}$分别表示 t 时刻国债市场到股票市场和股票市场到国债市场的转移熵。由第 2.1.3 节中信息论的相关介绍可知，其表示的是系统间非线性信息传递的大小和方向，具体表达式由第 2 章中的式（2－31）给出。而在计算过程中，如第 2.1.3 节所述，为了解决其在时间序列数据应用中的限制，本书采用了动态自适应符号化的方法对原始数据进行划分，而后再根据其表达式进行转移熵的计算。其具体的符号化过程由第 2.1.3 节中式（2－32）至式(2－34)给出。则$\frac{T_{b\to s,t}}{T_{b\to s,t}+T_{s\to b,t}}$和$\frac{T_{s\to b,t}}{T_{b\to s,t}+T_{s\to b,t}}$分别表示股市对债市和债市对股市的时变影响权值。为了方便，二者分别被记为 $W_{b\to s}$和 $W_{s\to b}$。$R_{b,t}$和 $R_{s,t}$分别表示 t 时刻债券市场指数和股指的收益率。β 表示基准期内股市和债市的关联系数，γ 表示事件期内二者关联系数的改变量。γ^* 表示事件前期两市场的关联系数。$D_{event,t}$和 $D_{event,t}^*$均为虚拟变量。若 t 处于事件期，则 $D_{event,t}$取 1；否则取 0。若 t 处于事件前期，则 $D_{event,t}^*$取 1；否则取 0。e_t 表示模型误差项，服从 GARCH（1，1）过程。本章以 70 个交易日为滑动窗，分别计算股市到债市和债市到股市的动态符号化转移熵，并以此构建动态影响权值对传统 GARCH 模型进行改进。

由于市场在危机时期或突发事件期常伴随剧烈波动，而 GARCH 模型的构建或许能够在很大程度上消除由于波动的加剧而造成的市场关联性的改变，进而得到一个并非由于波动而引起的关联性的变化。另外，若不将事件前期虚拟变量$D^{*}_{event,t}$加入模型，则表示在整个样本时期的基准期内，由β表示的股市和债市的关联系数是一个常数。但如果两者的关联程度是时变并在零附近上下波动，就不再满足这样的假设，以整个样本为基准期的设定就不再合适。所以本章在引入事件期虚拟变量的基础上另外引入事件前期虚拟变量，在这样的情况下基准期就不再是基于整个样本期而是仅基于不包含事件后期的事件前期和事件期，以使模型能更准确地捕捉市场间的关联关系。

根据第3.2.1节中跨市场效应的定义可知，股市和债市间的跨市场效应是由γ和β与γ之和共同决定的。当$\gamma<0$且同时$\beta+\gamma<0$时，二者之间发生投资转移效应。当$\gamma>0$且同时$\beta+\gamma>0$时，二者之间发生风险传染。

与传统GARCH模型一样，本章采用其最常用的极大似然方法进行估计，与其估计结果进行对比。假定扰动项服从条件正态分布，则模型（3-1）对应的对数极大似然估计函数为：

$$\ln L(\Psi) = -\frac{T}{2}\ln(2\pi) - \frac{1}{2}\sum_{t=1}^{T}\ln\sigma_t^2 - \sum_{t=1}^{T}\frac{[W_{b\to s,t}R_{b,t} - \alpha - W_{s\to b,t}(\beta R_{s,t} + \gamma R_{s,t}D_{event,t} + \gamma^{*}R_{s,t}D^{*}_{event,t})]}{2\sigma_t^2} \tag{3-2}$$

其中，$W_{b\to s,t}=\frac{T_{b\to s,t}}{T_{b\to s,t}+T_{s\to b,t}}$，$W_{s\to b,t}=\frac{T_{s\to b,t}}{T_{b\to s,t}+T_{s\to b,t}}$。$\Psi=(\alpha, \beta, \gamma, \gamma^{*}, \omega, \lambda, \rho)$，为待估参数向量。

3.3 DAI 度量模型的有效性检验

3.3.1 数据选取及分析

本章分别选取在世界经济中占有重要地位的北美洲的美国和加拿大，亚洲的中国和日本，欧洲欧盟成员国中 GDP 排名前 4 的德国、英国、法国和意大利，以及大洋洲的澳大利亚的主要股指（标普 500 指数、日经 225 指数、德国 DAX 指数、法国 CAC40 指数、富时 100 指数、意大利指数、上证综指、澳大利亚标普 200 指数和多伦多 300 指数）和 10 年期国债日收益数据为研究对象，所有数据均以当地货币为计量单位。样本区间为 2016 年 1 月 1 日至 2016 年 11 月 7 日，并选取 2016 年 6 月 23 日至 2016 年 7 月 23 日的时间长度为英国脱欧公投黑天鹅事件期。去掉不匹配日期，共计得到有效交易日数据 171 个。数据来自万德数据库。所有的收益率均由日收盘价的对数一阶差分计算得到。即：

$$R_t = (\ln P_t - \ln P_{t-1}) \times 100\% \qquad (3-3)$$

其中，R_t 表示 t 日的收益率，P_t 和 P_{t-1} 分别表示 t 日和 $t-1$ 日的收盘价。

表 3-2 和表 3-3 给出了各国主要股指和 10 年期国债日收益率序列的基本统计特征：

表 3-2　各国股指和国债日收益率序列的描述性统计特征

参数	美国		日本		德国		法国		英国	
	股市	国债	股市	国债	股市	国债	股市	国债	股市	国债
均值	0.00	1.74	-0.00	-0.06	-0.00	0.08	-0.00	0.410	0.00	1.27

续表

参数	美国		日本		德国		法国		英国	
	股市	国债	股市	国债	股市	国债	股市	国债	股市	国债
标准差	0.01	0.18	0.02	0.12	0.01	0.21	0.01	0.216	0.01	0.35
偏度	-0.48	0.31	-0.61	0.83	-0.97	0.71	-1.10	0.455	-0.08	-0.22
峰度	5.11	2.82	6.45	4.13	6.74	3.05	9.27	2.633	4.62	1.77
JB 统计量	45.84	3.04	113.89	28.77	151.46	14.34	376.26	6.852	22.55	12.19

表3-3 各国股指和国债日收益率序列的描述性统计特征

参数	意大利		中国		澳大利亚		加拿大	
	股市	国债	股市	国债	股市	国债	股市	国债
均值	-0.00	1.39	-0.00	0.00	-0.00	2.26	0.00	1.18
标准差	0.02	0.15	0.02	0.00	0.01	0.30	0.01	0.12
偏度	-1.55	-0.07	-1.67	-0.03	-0.39	0.06	-0.39	0.23
峰度	12.15	2.24	9.39	4.31	3.70	1.67	4.52	2.67
JB 统计量	797.66	4.22	444.61	12.15	9.41	12.70	24.88	2.33

由表3-2和表3-3可以看出，样本期间内各国股指日收益的均值均为零，而国债收益率均值除中国为零和日本为负值以外，其余各国均为正值。

3.3.2 时变符号化转移熵GARCH模型实证结果

本章利用Matlab软件进行操作，由于跨市场效应的判定是依据均值方程的估计系数，所以本章只列出了均值方程的估计结果，没有给出方差方程的估计结果。表3-4，表3-5和表3-6给出了本章构建的转移熵GARCH模型的均值方程，即模型（3-1）的估计结果。

表3-4 转移熵GARCH（1，1）模型均值方程估计结果

参数	美国			日本			法国		
	系数	SE	P值	系数	SE	P值	系数	SE	P值
$W_{s\to b}r_s$	0.6590	0.0365	0.00	0.4621	0.0348	0.00	0.6088	0.0557	0.00

续表

参数	美国			日本			法国		
	系数	SE	P值	系数	SE	P值	系数	SE	P值
$W_{s\to b}r_sD$	-0.7486	0.0170	0.00	-0.9754	0.0365	0.00	-0.8442	0.0249	0.00
$W_{s\to b}r_sD^*$	-0.7534	0.0241	0.00	-0.6747	0.0151	0.00	-0.3426	0.0233	0.00
常数	0.2050	0.0244	0.00	0.6640	0.0200	0.00	0.3168	0.0372	0.00
R^2	0.78			0.78			0.78		
Ll	188.31			243.01			192.43		
AIC	-1.89			-2.48			-1.94		
SC	-1.74			-2.32			-1.79		
ARCH LM	0.634 [0.427]			0.154 [0.695]			0.108 [0.743]		

注：[ ] 内为p值。

表3-5　转移熵 GARCH（1，1）模型均值方程估计结果

参数	意大利			加拿大			澳大利亚		
	系数	SE	P值	系数	SE	P值	系数	SE	P值
$W_{s\to b}r_s$	0.5311	0.0391	0.00	0.1127	0.0595	0.05	0.3814	0.0498	0.00
$W_{s\to b}r_sD$	-0.8008	0.0170	0.00	-0.6603	0.0546	0.00	-0.5842	0.0247	0.00
$W_{s\to b}r_sD^*$	-0.4314	0.0158	0.00	0.2095	0.0334	0.00	-0.4224	0.0178	0.00
常数	0.2246	0.0275	0.00	0.6264	0.0267	0.00	0.3560	0.0383	0.00
R^2	0.83			0.72			0.76		
Ll	246.59			157.25			212.82		
AIC	-3.40			-1.79			-2.16		
SC	-3.25			-1.57			-2.00		
ARCH LM	0.287 [0.592]			0.370 [0.544]			0.123 [0.726]		

注：[ ] 内为p值。

表3-6　转移熵 GARCH（1，1）模型均值方程估计结果

参数	中国			德国			英国		
	系数	SE	P值	系数	SE	P值	系数	SE	P值
$W_{s\to b}r_s$	-0.0011	0.0743	0.86	0.8591	0.0678	0.00	0.8443	0.0531	0.00

续表

参数	中国			德国			英国		
	系数	SE	P值	系数	SE	P值	系数	SE	P值
$W_{s\to b}r_sD$	0.1007	0.0693	0.11	-0.9880	0.0508	0.00	-0.9895	0.0565	0.00
$W_{s\to b}r_sD^*$	0.0118	0.0630	0.85	-0.7491	0.0358	0.00	-0.8606	0.0399	0.00
常数	0.5429	0.0223	0.00	0.2536	0.0336	0.00	0.3833	0.0279	0.00
R^2	0.45			0.74			0.79		
Ll	156.31			152.16			129.55		
AIC	-1.55			-1.551			-1.27		
SC	-1.40			-1.36			-1.12		
ARCH LM	1.119 [0.292]			0.112 [0.737]			0.706 [0.402]		

注：[ ] 内为p值。

表3-7，表3-8和表3-9给出了传统GARCH模型均值方程的估计结果。

表3-7　传统GARCH（1，1）模型均值方程估计结果

参数	美国			日本			法国		
	系数	SE	P值	系数	SE	P值	系数	SE	P值
r_s	0.7533	0.0493	0.00	0.5156	0.0331	0.00	0.5993	0.0437	0.00
r_sD	-0.9582	0.0345	0.00	-0.9238	0.0166	0.00	-0.9102	0.0289	0.00
r_sD^*	-0.6561	0.0278	0.00	-0.6940	0.0141	0.00	-0.3476	0.0246	0.00
常数	0.3966	0.0298	0.00	0.6069	0.0193	0.00	0.3771	0.0306	0.00
R^2	0.64			0.65			0.63		
Ll	152.06			232.51			186.87		
AIC	-1.51			-2.36			-1.88		
SC	-1.36			-2.21			-1.63		
ARCH LM	0.019 [0.889]			0.154 [0.695]			0.002 [0.968]		

注：[ ] 内为p值。

表3-8　传统GARCH（1，1）模型均值方程估计结果

参数	意大利			加拿大			澳大利亚		
	系数	SE	P值	系数	SE	P值	系数	SE	P值
r_s	0.6613	0.0466	0.00	0.2349	0.0645	0.00	0.1738	0.0768	0.02

续表

参数	意大利			加拿大			澳大利亚		
	系数	SE	P 值	系数	SE	P 值	系数	SE	P 值
r_sD	-0.8680	0.0176	0.00	-0.8831	0.0475	0.00	-0.4244	0.0277	0.00
r_sD^*	-0.4864	0.0160	0.00	0.0511	0.0320	0.01	-0.1506	0.0220	0.00
常数	0.2246	0.0305	0.00	0.6324	0.0314	0.00	0.4876	0.0572	0.00
R^2	0.72			0.54			0.51		
Ll	233.59			141.31			146.85		
AIC	-2.37			-1.40			-1.46		
SC	-2.22			-1.24			-1.30		
ARCH LM	0.066 [0.798]			0.004 [0.953]			0.142 [0.706]		

注：[ ] 内为 p 值。

表 3-9　传统 GARCH（1，1）模型均值方程估计结果

参数	中国			德国			英国		
	系数	SE	P 值	系数	SE	P 值	系数	SE	P 值
r_s	-0.0063	0.0818	0.94	0.9305	0.0581	0.00	0.8779	0.0511	0.00
r_sD	0.1223	0.0755	0.11	-0.9679	0.0507	0.00	-0.9312	0.0469	0.00
r_sD^*	0.0174	0.0690	0.80	-0.8535	0.0399	0.00	-0.86277	0.0449	0.00
常数	0.5378	0.0240	0.00	0.4256	0.0276	0.00	0.3657	0.0255	0.00
R^2	0.31			0.77			0.82		
Ll	147.46			133.42			128.78		
AIC	-1.46			-1.32			-1.24		
SC	-1.31			-1.16			-1.14		
ARCH LM	0.909 [0.341]			2.783 [0.197]			0.118 [0.732]		

注：[ ] 内为 p 值。

由表 3-4 至 3-9 可知，虽然条件异方差的 ARCH LM 检验的 p 值显示两模型均已消除残差序列的 ARCH 效应，但是与表3-7，表 3-8 和表 3-9 中传统 GARCH 模型的估计结果相比，除了德国和英国以外，表 3-4，表 3-5 和表 3-6中符号化转移熵 GARCH 模型显示其余国家的 R^2 和所有国家的对数似然值普遍有所增加。同时除了英国的SC以外，其余所有国家的AIC和SC都变小了，这说明本章提出的模型能够更好地拟合数据，更具有实际应用价值。所以本章着重分析表3-4，表3-5和表3-6的转移熵GARCH模型的实证结果。

根据跨市场效应的定义，依据表3-4，表3-5和表3-6中转移熵GARCH(1，1)模型的估计结果对各经济体的风险传染和投资转移现象进行跨市场效应的统计，结果如表3-10所示：

表3-10　各国股市和债市间的跨市场效应统计结果

黑天鹅事件	法国	德国	英国	美国	中国	澳大利亚	加拿大	日本	意大利
英国脱欧公投	FTQ	FTQ	FTQ	FTQ	—	FTQ	FTQ	FTQ	FTQ

注：FTQ表示Flight-to-quality，即股票市场到债券市场的安全性投资转移。

由表3-6可知，中国市场上除常数项外各估计系数均不显著。但是其余8个国家基准期内股市和债券市场的关联系数均在1%的水平下显著为正（法国的显著性水平为5%），而事件期内均又呈现出了1%水平下的显著负向改变，且同时对于每个经济体国家来说，二者之和都是小于0的，即均发生了安全性投资转移现象。说明英国作为全球第三大经济体国家，首都伦敦又作为全球重要的金融中心，脱欧事件对全球经济来说有着巨大的溢出效应。由表3-10的统计结果可知，在其影响下股市到国债市场的跨市场投资转移是一个普遍现象，这也进一步说明了经济事件（危机）期投资转移能够在一定程度上规避风险损失，增强市场的弹性进而维护市场的稳定性，也说明了当股市下跌时国债市场避风港的作用。

虽然除中国外的其余各国均发生了安全性投资转移现象，但是由事件期的变动系数$W_{s\to b}r_sD$的估计结果可知，各国股票市场到债券市场间关联性的负向改变程度存在较大差别。其中，欧盟区的英国、德国、法国的负向改变程度较大，分别为-0.9895，-0.9880，-0.9754。英国作为欧盟区的主要经济体国家，与欧盟有着密切的贸易往来和较高的经济利益融合度，是支撑欧盟发展的中坚力量。而英国本身拥有庞大的金融业，其首都伦敦又是国际金融中心，所以英国脱欧必然会引起自身和欧盟成员国金融市场的震荡。进而引起投资者情绪恐慌，避险情绪升温，资金流入国债等安全性较高的市场，并发生安全性投资转移现象。对于德国，英国脱欧以后，不仅失去了一名重要的贸易伙伴，其在欧盟区的经济责任也变得更大，德国经济将遭受一定的负向冲击，所以德国的股市反应较大，与国债市场的关联系数负向变动程度也较大。虽然一周后各国股市基本趋于平稳，但是从中长期来看，英国脱欧影响并不会消失，因为其可能会产生多米诺骨牌效应，引起其他欧盟成员国进行脱欧公投，进一步造成金融市场震荡，再次引发投资转移、风险传染等现象的发生。

值得注意的是日本，负向变动 -0.8442，超过欧盟成员国意大利的 -0.8008。这可能是因为日本将英国视为联系欧洲市场的主要枢纽，是一个极度依赖出口的国家，其在英国的超重量级大型企业已超过 1300 家，在欧洲各国中位列第二。英国脱欧务必会导致其金融地位受到影响，进而影响日本在欧盟市场的经济，造成日本金融市场的低迷，所以投资者宁愿抛售股票而选择收益率较低但安全性较高的国债进行投资，使得日本短期内受英国脱欧事件的影响也较为显著。

而意大利和美国的负向变动系数分别为 -0.8008 和 -0.7486，加拿大和澳大利亚的负向变动系数分别为 -0.6603 和 -0.5842。意大利作为欧盟成员国，所受冲击虽然不及欧盟区的主要经济体，但也发生了幅度不小的安全性投资转移现象。美国的股市和国债市场也表现出了一定程度的投资转移现象，但不及欧盟成员国。这可能是因为美国在欧盟的贸易地位大于英国，又在世界经济中占主导地位，而英国在欧盟的重要性也在降低，所以英国脱欧对美国股市的影响比较有限。作为英联邦成员国的加拿大和澳大利亚，股市均受到了负向冲击，发生了安全性投资转移现象，但是程度不及美国。这可能是因为英国脱欧可能会使英国和澳大利亚及加拿大等英联邦成员国的关系更近，所以所受冲击较小。

总体来看，英国脱欧带来的不确定性已然对全球的经济、金融等方面造成影响。首先对英国自身的影响最大，安全性投资转移的程度最深。其次为欧盟区的德国、法国和意大利以及将英国视为与欧洲市场连接纽带的日本，也均发生了程度较大的安全性投资转移现象。对美国、加拿大和澳大利亚所受冲击相对较小，但也都发生了不同程度的安全性投资转移现象。可见英国脱欧的溢出效应给全球金融市场带来了不确定性，但其造成的影响最终还要取决于英国与欧盟采取何种方式进行脱欧谈判以及何时完成脱欧进程。

3.4 本章小结

本章以英国脱欧公投为研究背景，结合信息论中的转移熵方法在传统GARCH模型中引入了基于两个经济单元的时变符号化转移熵影响权值对模型进行改进，对英国脱欧公投造成的全球九大经济体股市和国债市场的跨市场效应进行了研究与分析。实证结果表明：

（1）与传统GARCH模型相比，采用转移熵方法引入了两个经济单元间的信息影响变动权值的DAI度量模型，能够更加细节化地、动态地捕捉各经济体股票市场和债券市场间相互关联程度的变化，进而能够更加精确地捕捉市场间的关联性，从而提高模型精度。这表明本章结合信息论构建的两经济单元间的DAI度量模型是有效的。

（2）受英国脱欧公投的影响，各经济体内股市和国债市场间普遍发生了安全性投资转移现象，揭示了国债市场安全性的特点，也表明了投资转移能够从一定程度上降低投资者的风险损失，进而增加市场弹性和稳定性。

总之，一方面，从跨国的角度来讲，风险传染和投资转移可以并存，也可以彼此削弱或加剧。因此，投资者投资时，需要谨慎选择资产并合理优化投资，以尽量减少风险损失。而政策制定者在制定经济政策时，应宏观调控形势，制定适当有效的经济政策，尽可能地维护金融市场稳定。另一方面，尽管本章结合信息论和传统计量经济模型，构建的 DAI 经济度量模型在捕捉金融市场信息的方面体现出了一定的有效性。这一模型为本书后续章节模型的构建打下了一定的理论基础。但是在当前经济形势下，经济单元间的空间效应越来越突出，传统计量经济模型却忽略了这种空间效应。同时在当前经济形势下，空间交互影响呈现出了多维、混合和非对称等一些新的特点。那么如何设定这些空间效应并根据空间效应的新特点对其进行捕捉呢？在下章的内容中，依据本章的研究结果，我们结合信息论和空间计量经济理论，构造了基于转移熵的 DAI 空间权重矩阵，并基于此构建了空间计量经济模型。以对金融市场间的信息空间效应进行捕捉，从而期望进一步提高模型的估计精度。

第4章　金融风险传染的一阶矩 DAI 空间计量模型及实证分析

第3章中我们结合信息论和传统计量经济 GARCH 模型，构建了基于两个经济单元的信息权值 DAI 度量模型，并对其在金融领域的应用进行了研究，实证结果验证了所构建模型的有效性。而随着全球经济一体化的不断发展和金融自由化程度的不断加深，经济单元间的空间交互影响也越来越突出，并呈现出了多维、混合和非对称等一些新的特点。基于此，结合信息论和空间计量经济理论，将第3章中引入的基于两个经济单元的信息权值扩展到多个单元的应用中，利用符号化转移熵构造空间权重矩阵，进而构建面板 Spatial - SUR 模型。而后以2016年英国脱欧和特朗普当选美国总统两大黑天鹅事件为研究背景，利用此模型对两大事件冲击我国金融市场的跨市场效应和金融市场收益率一阶矩信息间的空间效应进行了研究，并对空间效应的动态演变过程进行了分析。

4.1　研究思路

传统计量经济学基于 Gauss - Markov 的假设下，认为数据间是相互独立的。

而现实中金融单元间的活动却是存在普遍联系的，尤其是在全球化的经济形势下，各金融单元间的联系更加密切。而传统计量经济学忽略了这种由于地理空间邻近或者经济空间邻近而带来的空间效应，这对模型的估计方法和检验结果可能会造成一定影响。空间计量经济学的出现不仅打破了传统计量经济学忽略经济活动在地理空间上相互依赖的思维模式，更是彻底颠覆了传统计量经济学中经济单元相互独立的假设，重塑了计量经济学的分析框架。21 世纪后，空间计量经济学逐步迈向成熟，空间计量经济方法被广泛应用在城市经济学、区域经济学和国际经济学等经济领域实证问题的研究中[14,72,156-158]（Anselin，1988；Anselin，2010；Baltagi 和 Li，2004；Legros 和 Diègo，2014；Cabral 等，2017）。

空间效应反映了单元间的空间关系，是空间计量经济学区别于传统计量经济学的根本特征，包括空间相关性和空间异质性。空间相关性是指邻近空间单元间的某一属性值之间存在的空间相关程度。空间异质性是经济行为或经济关系在空间上的不稳定性，表现在所研究的变量、模型参数等随空间单元的变化而变化。根据不同类型的变量，空间计量经济学中的空间效应可分为三种：因变量之间的内生交互效应、自变量之间的外生交互效应和误差项之间的交互效应。而如何度量捕捉空间效应是当前空间计量经济学研究的核心问题。目前国内外学者主要通过构造空间权重矩阵的方式来捕捉空间效应。而空间权重矩阵构建的合适与否直接影响着模型的估计结果和解释能力，那么如何构造空间权重矩阵是当前空间计量经济学面临的主要难题。最初国内外学者主要采用基于二元邻接、物理距离、共享边界大小等方式构建空间权重矩阵。最早构建的是基于空间单元邻接的二进制空间权重矩阵，并将相邻单元的权重设为 1，否则为 0[159,160]（Moran，1948；Griffith，1996）。这种矩阵太过单一，认为仅相邻的单元才能产生空间交互效应。在此基础上，后期很多学者开始同时考虑距离和共享边界大小构建空间权重矩阵[161,162]（Cliff 和 Ord，1981；Getis 和 Aldstadt，2010）。尽管如此，这些矩阵依然是基于空间物理因素指标构建的，而实际情况是除了这些因素，单元间更多的还存在着由于经济活动、间接经济关联等经济指标产生的空间交互效应。

Parent 和 LeSage（2008）[163] 在利用条件自回归空间方法对知识溢出效应的建模过程中，结合经济矩阵和反距离矩阵构建了嵌套权重矩阵。Patuelli 等（2011）[164] 利用空间滤波半参数方法构建空间权重矩阵以对数据的时变空间特性进行捕捉，且研究了德国失业率问题。Caporin 和 Paruolo（2015）[165] 通过构建经济邻接空间权重矩阵对多元波动率模型进行结构化表示，缓和甚至解决了多元波动率模型中常见的维度灾难问题，并给出了相应的估计方法。Lee 和 Yu（2012）[166] 在对空间面板模型估计过程的研究中，指出构建时变空间权重矩阵对模型估计的重要性。国内也有很多学者致力于这方面的研究。程棵等（2012）[19] 分别根据国际贸易关系、资本流动关系、区域经济组织关系和地理位置构建不同的空间权重矩阵，研究空间关系对风险传染的影响。李立等（2015）[20] 在以欧债危机为背景研究风险传染的过程中，结合地理区域和经济状态指标构建了引力空间权重矩阵。

虽然这些从不同角度构建的空间权重矩阵在一定程度上体现了单元间的空间交互效应，但随着金融交易呈现出的跨国化、证券化等多样性特征，及交易方式电子化和信息化的发展，空间交互效应也随之表现出多维化等新的特征，故仅基于距离或经济指标的空间权重矩阵可能已经无法充分有效捕捉当今经济全球化、信息化趋势下的空间效应。另外，这些空间权重矩阵均是对称的，即单元 i 对单元 j 和单元 j 对单元 i 的空间效应是相等的。而现实情况是占优单元通常会对劣势单元产生更强的空间影响。比如占有国际重要地位的美国股市对世界上大多数国家的股市影响可能都比后者对前者的影响要大；欧盟区内德国和法国的金融市场对其他经济较弱国家的影响应该更强。再如对于两个互相具有金融债权的经济体之间，A 经济体对 B 经济体的债权和 B 经济体对 A 经济体的债权大多数情况下并不相等。所以这些对称矩阵忽略了由空间单元本身固有异质性造成的重要性和影响力的差异性，因此可能会造成部分原始信息的损失，进而无法充分有效捕捉单元间的空间交互效应。基于此本章在充分综合考虑空间单元固有属性的差异性和当前经济形势特征的基础上，以信息流为视角结合信息论，以各经济单元间的符号化转移熵为元素构建 DAI 经济空间权重矩阵，以在一定程度上弥补传统空间权重矩阵的缺陷。

2016 年被称为“黑天鹅事件年”，各种出乎意料的国际大事接踵而至，给全球金融市场造成了巨大的冲击。全球金融市场关联结构也可能发生改变。本章以英国脱欧公投和特朗普当选美国总统两大国际黑天鹅事件为背景，在第 3 章基于两个单元构建的 DAI 经济空间下，将其扩展到多个经济单元，通过计算多个经济单元间的转移熵构建 DAI 空间权重矩阵，进而构建空间似不相关模型（Spatial - SUR），并对我国股票市场、商品期货市场和债券市场之间的空间溢出效应及时变空间效应进行研究，且对两大黑天鹅事件冲击我国三个金融子市场的跨市场效应进行分析，并和基于“距离”的传统空间矩阵以及未引入空间效应的传统计量模型进行了对比。以此验证本章基于当前经济形势特征和金融单元实际活动行为特点构建的 DAI 经济空间权重矩阵的有效性和适用性及空间计量经济模型的优势。

本章的研究思路如图 4 - 1 所示：

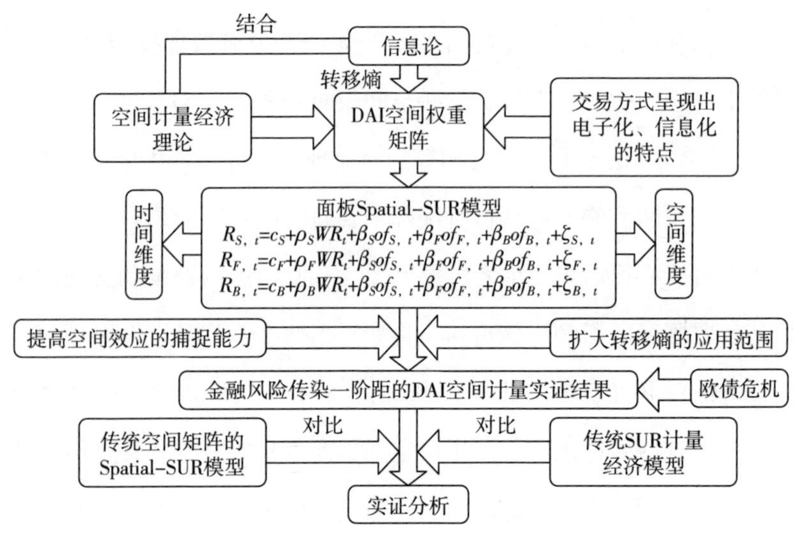

图 4 - 1　本章研究思路路线图

4.2 金融风险传染的一阶矩DAI空间计量模型构建

随着传统交易方式呈现出电子化、信息化等新特点，跨国家、跨地区和跨市场间也产生了如资金流动、劳动力流动和技术信息流动等大量的信息流动，基于此，本章选取信息流为视角，利用符号化转移熵构建信息转移非对称空间权重矩阵，不仅打破了传统矩阵以“距离”或经济指标为基准的构建方式，更重要的是转移熵的有向性契合了空间单元固有属性的差异性，相比线性相关系数，Kendall 秩相关系数和互信息等无向统计度量，转移熵的有向性包含了更多的信息，也能够更充分地捕捉空间效应。同时转移熵考虑的是真正来源于源序列本身的统计相关性，排除了由于公共历史信息，比如共同的外部因素等干扰带来的统计相关性，这种属性使它在分析复杂系统之间的相互关系时，成为一种更具有实用性和适应性的优良工具[26,89]（Baek 等，2005；Shi 和 Shang，2013）。

由于空间面板模型考虑了跨期数据，所以除了空间相关性以外它还可能含有时间相关性。虽然加入了时间维度的空间面板模型增加了模型的复杂度，但却更符合经济活动的实际特征。目前主要采用两种方法引入时间维度：一是构建空间动态面板模型，通过在模型中加入变量的滞后项来设定时间变化[167]（Elhorst，2005）。二是构建 Spatial－SUR 多方程联立模型。传统 SUR 模型中每一个因变量或者每一段时期都有一个方程，不同方程的误差项在不同的时间段存在相关性，在传统 SUR 模型中引入一种或者多种类型的空间交互效应即为空间似不相关模型 Spatial－SUR。虽然早在 1988 年 Anselin 就提出了 Spatial－SUR 的建模思想[169]，但是学者对其后续研究很少。

4.2.1 基于 DAI 的 Spatial - SUR 模型

本章基于空间计量经济理论，在 Girardin 等（2010）[168]利用定单流数据构建传统 SUR 模型以研究股市和债券市场跨市场效应的基础上，引入空间交互效应构建面板数据 Spatial - SUR 模型。以引入因变量的内生交互效应为例，Spatial - SUR 模型的表达式如下：

$$
\begin{aligned}
&R_{S,t}=c_S+\rho_S WR_t+\beta_S of_{S,t}+\beta_F of_{F,t}+\beta_B of_{B,t}+\xi_{S,t}\\
&R_{F,t}=c_F+\rho_F WR_t+\beta_S of_{S,t}+\beta_F of_{F,t}+\beta_B of_{B,t}+\xi_{F,t}\\
&R_{B,t}=c_B+\rho_B WR_t+\beta_S of_{S,t}+\beta_F of_{F,t}+\beta_B of_{B,t}+\xi_{B,t}\\
&E(\xi_t^S)=0,\ E(\xi_t^F)=0,\ E(\xi_t^B)=0\\
&E(\xi_t^i\cdot\xi_t^j)=\begin{cases}\sigma, & t=s\\ 0, & t\neq s\end{cases},\ i,\ j=S,\ F,\ B;\ t=1,\ 2,\ \cdots,\ T
\end{aligned}
\tag{4-1}
$$

其中，S 表示股票市场，F 表示商品期货市场，B 表示国债市场。$R_{i,t}$表示 i 市场 t 日的收益率。$of_{S,t}$，$of_{F,t}$，$of_{S,t}$分别表示股票市场、商品期货市场和债券市场 t 日的订单流。$\rho\beta$ 为待估参数，W 为空间权重矩阵，由三个市场间的订单流时间序列数据的符号化转移熵为元素构成。符号化转移熵的具体计算过程参见本书第 2.1.3 节所述。W 的组成元素如式（4-2）所示：

$$
W=\begin{bmatrix} T_{F\to F} & T_{F\to B} & T_{F\to S}\\ T_{B\to F} & T_{B\to B} & T_{B\to S}\\ T_{S\to F} & T_{S\to B} & T_{S\to S}\end{bmatrix}
\tag{4-2}
$$

Girardin 等（2010）[168]认为，订单流具有跨市场的信息含量，包含着跨市场风险传染和投资转移等信息：若 A 市场的订单流和 B 市场的收益率显著负相关，同时 B 市场的订单流和 A 市场的收益率也显著负相关，则表明投资者在 A、B 两个市场之间进行了跨市场投资转移；若同时显著正相关，则表明两个市场之间发生了跨市场风险传染现象。

4.2.2 模型估计

由于空间计量方法中空间效应的引入，数据已不再满足传统计量经济中独立同分布的假设[169]（Anselin，1988），所以传统的估计方法也已不再适用。目前空间计量模型常用的估计方法主要分为参数估计和非参数估计两类。对于本章构建的空间似不相关模型来说，我们采用 Baltagi 和 Bresson（2011）[170]提出的具有不同因变量的面板 Spatial－SUR 模型的极大似然估计方法进行估计，同时也与第3章中的估计方法保持了一致，以便对全文做对比分析。其估计的具体过程如下：

对式（4－1）进行变换：

$$A_i R_i = of_i \beta_i + \xi_i \tag{4-3}$$

其中，$A_i = I_T - \rho_i W$。将所有方程堆叠可得：

$$AR = of\beta + \xi;\ A = I_{NT} - (\Gamma \otimes W) \tag{4-4}$$

其中，$\Gamma = \mathrm{diag}(\rho_i)$，$\otimes$为矩阵 Kronecker 乘法运算。

令 $\nu = (\Sigma \otimes I_T)^{-1/2}(AR - of\beta)$，则 ν 为 $NT \times 1$ 的矩阵，其中，$\Sigma = [\sigma_{ij}]$。在 ξ 满足正态分布的假设下，ν 为独立的标准正态分布矩阵。则式（4－3）的对数极大似然函数为：

$$\ln L = -(N/2)\ln\left|\sum\right| + \sum_{i=1}^{N}\left|I_T - \rho_i W\right| - (1/2)(AR - of\beta)'(\sum{}^{-1} \otimes I_T)(AR - of\beta) \tag{4-5}$$

其中，ρ_i 和 β 为待估参数。

4.3 金融风险传染的一阶矩 DAI 空间计量经济分析

4.3.1 数据选取及预处理

本章以英国脱欧公投和特朗普当选美国总统为研究背景，以我国股票市场、商品期货市场和债券市场为研究单元，分别选取上证 A 股指数、南华期货商品指数和上证国债指数代表各市场的价格水平。样本区间为 2016 年 1 月 1 日至 2017 年 4 月 30 日，这期间包括英国脱欧公投和特朗普当选美国总统两大国际黑天鹅事件，共计 321 个有效交易日，被分为两个子样本期：一个为 2016 年 1 月 1 日至 2016 年 7 月 24 日，对应英国脱欧公投事件；另一个为 2016 年 7 月 25 日至 2017 年 4 月 30 日，对应特朗普当选美国总统事件。数据来自 Wind 数据库。本章选取的变量如下：

4.3.1.1 收益率

三个金融市场日收益率的计算公式如下：

$$R_{i,t} = (\ln P_{i,t} - \ln P_{i,t-1}) \times 100\% \tag{4-6}$$

其中，$R_{i,t}$为 i 市场在第 t 天的收益率，$P_{i,t}$，$P_{i,t-1}$分别表示对应市场在第 t 天和 $t-1$ 天的日收盘价。

4.3.1.2 订单流

三个金融市场的日订单流数据均是通过日内高频数据加总计算得到的。订单流是市场微观理论的概念，研究学者将其定义为主买交易金额和主卖交易金额之差或者主买交易量和主卖交易量之差。本章以主买交易金额和主卖交易金额之差作为订单流数据。订单流是有方向的交易量和资金流，既体现了投资者的基本信

息，比如信念和风险偏好等，也能挖掘投资者对相同的宏观信息的不同理解，具有丰富的市场内和跨市场的信息含量。而对交易的发起方（买方或者卖方）的识别，采用 Lee（1991）提出的识别方法[171]：若此笔交易的成交价高（低）于买卖报价的中点，则认为是由买方（卖方）发起的交易。而对于成交价与报价中点相同的交易，本章不计算在内。1 天内所有高频交易中的主买金额与主卖金额之差即为此日的订单流。

为了与传统的空间权重矩阵进行比较分析，本章根据 Fernandez（2007）[172]提出的方法利用订单流数据对四个金融市场构建了经济距离空间权重矩阵 W_{ED}。其具体构架方法如下：

利用式（4－6）计算金融市场间的相关系数：

$$\rho_{ij}=\frac{E(OF_iOF_j)-E(OF_i)E(OF_j)}{\sqrt{[E(OF_i^2)-E^2(OF_i)][E(OF_j^2)-E^2(OF_j)]}} \tag{4-7}$$

其中，函数 E（·）表示样本期间内变量均值。可知，$\rho_{ij}\in[-1,1]$。$\rho_{ij}=1$ 时表示个体 i 和 j 完全线性正相关，$\rho_{ij}=-1$ 表示 i 和 j 完全线性负相关。由于相关系数不满足度量空间的条件，故须将其转化为对应的满足欧几里得距离性质的度量距离 d_{ij}：

$$d_{ij}=\sqrt{2(1-\rho_{ij})} \tag{4-8}$$

可知，$d_{ij}\in[0,2]$。且 d_{ij} 随着 ρ_{ij} 的增大（减小）而减小（增大），即相关系数越大（越小）距离越小（越大）。即表示金融市场间的经济测度距离 d_{ij} 可以用来描述金融市场间的相关性。然后利用式（4－8）将其转化为经济距离空间权重矩阵：

$$W_{ij}^{ED}=\exp(-d_{ij}) \tag{4-9}$$

4.3.2　空间效应预检验及模型选择

在判定空间计量模型的表达式之前，需要先对模型进行事前的空间相关性预检验，以初步判定是否需要在传统模型中引入空间效应构建空间计量经济模型以及应该引入哪种类型的空间交互效应。本章选用全局莫兰（Moran'I）指数检验[173]（Moran，1950）、极大似然 LM－lag 检验[174]（Anselin，1988）、极大似然 LM－Error 检验[175]（Burridge，1980）以及稳健 LM－lag 检验和稳健 LM－Error 检验方法分别对本章构建的信息转移非对称空间权重矩阵和传统的经济距离空间权重矩阵进行检验。全局 Moran'I 指数检验是空间相关性的经典检验方法，用于检验变量间是否存在空间相关性，但是却不能确定空间相关性的存在形式。而极大似然 LM－lag 和极大似然 LM－Error 则可以检验变量间空间相关性的具体存在形式：如果 LM－lag 的检验结果相比 LM－Error 更显著，则表示存在因变量的内生空间交互效应，应选用空间滞后模型。如果 LM－Error 的检验结果相比 LM－lag 更显著，表示存在误差项的空间交互效应，应选用空间误差模型[43]。如果二者都显著，则需要进一步观察稳健 LM－lag 和稳健 LM－Error 的空间相关性检验结果：如果稳健 LM－lag 检验比稳健 LM－Error 检验更显著，说明因变量的空间相关性更加强烈，应选用空间滞后模型；否则，选择空间误差模型。

而经典莫兰 Moran'I 指数检验只适用于截面空间计量模型，对面板数据空间计量模型则不再适用。本章采用文献[20]（李立等，2015）中的方法，通过利用单位矩阵和空间权重矩阵的克罗内克积（Kronecker Product）运算，将其扩展应用到面板空间计量模型的空间相关性检验中：

对单位矩阵 I_T 和空间权重矩阵 W 做克罗内克积运算，得到分块对角阵 K：

$$K = I_T \otimes W \tag{4-10}$$

则相应的面板数据的全局 Moran'I 指数表达式为：

$$Moran'I = \frac{\sum_{i=1}^{N}\sum_{j=1}^{N}k_{ij}(x_i - \bar{x})(x_j - \bar{x})}{S^2\sum_{i=1}^{N}\sum_{j=1}^{N}k_{ij}} \tag{4-11}$$

其中，k_{ij}表示分块对角阵 K 中的元素，x_i 表示单元 i 的属性值，即各单元的解释变量，$S^2 = \frac{\sum_{i=1}^{N}(x_i - \bar{x})^2}{N}$为样本方差。*Moran'I* 指数取值范围为［-1，1］，［-1，0）表示存在负的空间自相关，越趋于-1负相关性越强；（0，1］表示存在正的空间自相关，越趋于1正相关性越强；等于0表示不存在空间自相关。根据现有空间计量文献的实证研究结果，单元间所呈现出的正的空间相关性相比负的空间相关性更加常见，即单元某个变量的增加（减少）会导致邻近单元变量的增加（减少）。但是如果一个单元中某个变量的增加会同时伴随邻近单元变量的减少，则认为二者可能存在负的空间相关性[176]（Griffith 和 Arbia，2010）。传统经济距离空间权重矩阵 W_{ED} 和DAI经济空间权重矩阵 W_{IT} 二者的空间相关性检验结果如表4-1所示：

由表4-1的五种检验方法的结果对比可知：

（1）Moran'I 检验结果表明，两种空间权重矩阵对空间交互效应的检验结果均大于0，且Z值显著，初步说明在英国脱欧公投和特朗普当选美国总统的冲击下，我国金融子市场间存在显著的空间交互效应，所以采用加入空间效应的空间计量模型是必要的。

表4-1　传统空间权重矩阵和DAI空间权重矩阵空间相关性预检验对比结果

矩阵	Moran'I（Z值）	LM-lag（P值）	LM-Error（P值）	稳健 LM-lag（P值）	稳健 LM-Error（P值）
W_{ED}	0.210*** (6.417)	601.232 (0.000)	167.553 (0.000)	207.635 (0.000)	45.628 (0.000)
W_{IT}	0.520*** (8.297)	986.369 (0.000)	286.114 (0.000)	432.002 (0.000)	63.562 (0.000)

注：*，**，***分别表示在10%，5%，1%的水平下显著。

（2）对检验结果进行对比可知，不论是对全局空间性进行检验的 Moran'I 检验，还是对空间相关性具体存在形式检验的其他四种检验，都显示本章构造的DAI经济空间权重矩阵的检验结果都显著大于传统矩阵中对应检验方式的检验结果，这说明 DAI 空间权重矩阵优于传统经济距离空间权重矩阵。即本章构造的矩阵更具有时效性和适用性，能够更深入充分地挖掘当前新经济形势下的空间效应，也说明我国金融子市场间存在的以信息流为视角的信息空间交互效应更显著。

（3）同时对于两个矩阵来说，其 LM – lag、LM – Error 和稳健 LM – lag、稳健 LM – Error 检验结果均显示，虽然 LM – Error 检验拒绝了不存在空间误差相关性的原假设，但其检验结果远小于空间滞后相关性的结果。同时稳健 LM – lag 结果也显著大于稳健 LM – Error 结果，说明样本期间内我国金融子市场间的空间效应存在形式以空间滞后相关性为主，所以本章构建含有空间滞后效应的 Spatial – SUR 模型。

确定空间交互效应后，与传统面板模型一样，还需要对模型进行 Hausman 检验以确定应该建立随机效应空间计量模型还是固定效应空间计量模型。但是传统 Hausman 检验对空间面板计量模型不再适用，因此本章选取 2012 年由陈青青提出的空间 Hausman 检验对本章提出的面板 Spatial – SUR 模型进行随机效应检验[177]（陈青青等，2012），其检验结果存在于本章中的实证部分。

除此之外，还需要对模型的估计结果进行空间相关性的事后条件 LM 检验以确定模型设定形式正确与否。条件 LM 检验是 1988 年 Anselin 提出的对存在部分形式的空间相关性时的一种空间相关性检验方法[174]（Anselin，1988）：当存在因变量的内生空间交互效应时，条件 LM 检验的原假设为不存在误差项的空间交互效应。当存在误差项的空间交互效应时，条件 LM 检验的原假设为不存在因变量的内生空间交互效应。

4.3.3 金融风险传染的 DAI 空间效应实证结果

本章以 2016 年英国脱欧和特朗普当选美国总统两大国际黑天鹅事件为研究背景，结合信息论利用符号化转移熵构建非对称信息转移经济空间权重矩阵，并基于此建立面板 Spatial - SUR 联立多方程模型，对两大事件冲击下我国金融子市场间的长期、短期空间效应和跨市场效应进行研究，以检验本章构建的新空间权重矩阵的有效性和适用性，并和基于传统经济距离空间权重矩阵的 Spatial - SUR 模型和不考虑空间效应建立的传统 SUR 模型进行对比。

本章所建立的三个联立多方程（Spatial - ）- SUR 模型均为固定效应的空间面板模型，这是因为 3 个模型中空间 Hausman 的检验均显示显著拒绝存在随机效应的原假设。而表 4 - 2 和表 4 - 3 中两个空间面板 SUR 模型的条件 LM 检验结果均显示两种接受原假设，表明本章所构建的空间面板滞后模型不存在显著的空间误差自相关性，即空间面板滞后模型能够较好地处理本章数据间的相关性，所以本章选用形式为固定效应的空间面板滞后模型是合适的。

表 4 - 2　Spatial - SUR_{IT} 模型的估计结果（英国脱欧）

参数	R_F	R_B	R_S
常数项	0.134 (0.024)	0.465 (0.000)	0.369 (0.000)
ρ	0.612 (0.000)	0.569 (0.000)	0.652 (0.000)
of_F	0.561 (0.000)	-0.170 (0.003)	0.055 (0.000)
of_B	-0.533 (0.153)	0.492 (0.000)	-0.548 (0.016)
of_S	0.570 (0.011)	-0.441 (0.003)	0.539 (0.000)
F - statistic	461.125***	587.695***	675.638***
R^2	0.717	0.616	0.517
Hausman test	268.832***	97.691***	665.739***
条件 LM test	0.264	0.329	0.166

注：括号中为 p 值；*，**，***分别表示通过 10%，5%，1%的显著性水平检验。

表 4-3　Spatial-SUR_{IT}模型的估计结果（特朗普当选）

参数	R_F	R_B	R_S
常数项	0.226 (0.000)	0.452 (0.000)	0.473 (0.000)
ρ	0.619 (0.000)	0.631 (0.000)	0.667 (0.000)
of_F	0.629 (0.000)	-0.233 (0.001)	0.035 (0.050)
of_B	-0.366 (0.214)	0.511 (0.000)	-0.329 (0.030)
of_S	0.208 (0.064)	-0.187 (0.012)	0.390 (0.000)
F-statistic	368.265***	618.473***	591.826***
R^2	0.639	0.570	0.614
Hausman test	372.514***	628.315***	199.627***
条件 LM test	0.302	0.248	0.193

注：括号中为 p 值；*，**，***分别表示通过 10%，5%，1%的显著性水平检验。

表 4-4　Spatial-SUR_{ED}模型的估计结果（英国脱欧）

参数	R_F	R_B	R_S
常数项	0.627 (0.011)	0.027 (0.000)	0.301 (0.000)
ρ	0.212 (0.000)	0.311 (0.000)	0.452 (0.000)
of_F	0.366 (0.000)	-0.023 (0.017)	0.018 (0.001)
of_B	-0.132 (0.218)	0.292 (0.008)	-0.248 (0.004)
of_S	0.272 (0.005)	-0.143 (0.021)	0.342 (0.000)
F-statistic	495.133***	484.581***	669.843***
R^2	0.528	0.516	0.517
Hausman test	198.611***	69.397***	593.162***
条件 LM test	0.228	0.108	0.236

注：括号中为 p 值；*，**，***分别表示通过 10%，5%，1%的显著性水平检验。

表 4-5　Spatial-SUR_{ED} 模型的估计结果（特朗普当选）

参数	R_F	R_B	R_S
常数项	0.226 (0.000)	0.454 (0.000)	0.473 (0.000)
ρ	0.237 (0.000)	0.317 (0.001)	0.491 (0.000)
of_F	0.387 (0.000)	-0.108 (0.011)	0.137 (0.000)
of_B	-0.104 (0.314)	0.116 (0.012)	-0.327 (0.023)
of_S	0.028 (0.012)	-0.185 (0.007)	0.389 (0.000)
F-statistic	297.028***	523.761***	567.339***
R^2	0.531	0.521	0.525
Hausman test	318.166***	532.620***	398.215***
条件 LM test	0.126	0.301	0.167

注：括号中为 p 值；*，**，***分别表示通过 10%，5%，1% 的显著性水平检验。

表 4-6　传统 SUR 模型的估计结果（英国脱欧）

参数	R_F	R_B	R_S
常数项	0.210 (0.000)	0.609 (0.000)	0.301 (0.000)
of_F	0.387 (0.000)	-0.067 (0.081)	0.072 (0.014)
of_B	-0.027 (0.117)	0.084 (0.000)	-0.046 (0.003)
of_S	0.107 (0.018)	-0.185 (0.011)	0.543 (0.000)
F-statistic	495.133***	484.581***	669.843***
R^2	0.149	0.116	0.287
Hausman test	168.693***	98.392***	132.634***

注：括号中为 p 值；*，**，***分别表示通过 10%，5%，1% 的显著性水平检验。

表 4-7 传统 SUR 模型的估计结果（特朗普当选）

参数	R_F	R_B	R_S
常数项	0.233 (0.000)	0.466 (0.000)	0.475 (0.000)
of_F	0.264 (0.000)	-0.055 (0.070)	0.024 (0.000)
of_B	-0.091 (0.380)	0.131 (0.000)	-0.029 (0.036)
of_S	0.051 (0.034)	-0.163 (0.023)	0.386 (0.000)
F-statistic	196.372***	613.146***	872.251***
R^2	0.233	0.166	0.291
Hausman test	95.620***	351.217***	287.335***

注：括号中为 p 值；*，**，*** 分别表示通过 10%，5%，1% 的显著性水平检验。

根据估计结果中 R^2 和 F 检验结果，可知本章构建的 3 个模型均显著成立。同时对比表 4-2，表 4-3，表 4-4，表 4-5，表 4-6 和表 4-7 中三个模型的估计结果，我们可以得到如下结论：

（1）无论是英国脱欧事件，还是特朗普当选美国总统，表中的估计结果均显示加入空间效应的 Spatial-SUR_{IT} 模型和 Spatial-SUR_{ED} 模型的最优拟合度和 R^2 均显著优于不考虑空间效应的传统 SUR 模型。且无论是 Spatial-SUR_{IT} 模型，还是 Spatial-SUR_{ED} 模型，长期空间相关性系数 ρ 都在 1% 的水平下通过了显著性检验，这与空间相关性预检验的结果是一致的。这说明在英国脱欧和特朗普当选两大事件的冲击下，我国金融市场间存在着较强的空间相关性，充分挖掘并引入空间效应进行建模是十分必要的。

（2）同时也可以看到，在两种事件背景下，Spatial-SUR_{IT} 模型和 Spatial-SUR_{ED} 模型的估计结果显示 Spatial-SUR_{IT} 联立多方程模型中三个方程的空间相关性系数 ρ 也明显大于基于传统经济距离空间权重矩阵构建的 Spatial-SUR_{ED} 模型

得到的ρ，再次表明在经济全球化及自由化程度不断加深的形势下以及新的交易方式的冲击下，金融数据的确呈现出了许多空间效应的新特性，而相比现有传统矩阵，本章提出的以信息流为视角利用符号化转移熵构建的DAI经济空间权重矩阵对于挖掘这种空间效应更具有有效性和适用性，且具有一定的研究价值。

（3）估计结果显示无论是Spatial - SUR_{IT}模型还是Spatial - SUR_{ED}模型，其中的三个方程都显示，特朗普当选事件下的空间相关性均比英国脱欧事件下的空间相关性稍大，这说明特朗普当选美国总统给全球金融市场带来的影响和冲击更为深远，使得金融市场间的联系更为紧密。这可能是因为相比英国脱欧，特朗普当选事件更加出乎意料，带来的不确定性更大。

（4）各模型在英国脱欧和特朗普当选美国总统这两个事件中得到的对应市场的订单流的符号是一致的。即在商品期货市场中，股票市场的订单流OF_S的符号为正，说明OF_S与期货市场收益率R_F呈正相关关系，且通过了显著性检验。同时在股票市场方程中，期货市场的订单流OF_F也显著为正，说明OF_F与股市的收益率R_S也同时呈正相关关系。即一个市场订单流的增加或降低意味着另一个市场收益率的增加或降低。根据Girardin等（2010）[168]的研究成果可知，两大黑天鹅事件的冲击均使我国股市和商品期货市场之间发生了风险传染的跨市场效应。而股票市场方程中另一个解释变量债券市场的订单流OF_B的符号显著为负，说明OF_B与股市收益率R_S呈负相关关系，同时债券方程中股市订单流OF_S的符号也显著为负，说明OF_S与债券市场收益率R_B也呈负相关关系。在这两个市场之间存在着一个市场订单流的增加或降低意味着另一个市场收益率的降低或增加的此消彼长的关系，这种关系与股市和商品期货市场之间的关系相反，说明股市和债券市场之间发生了投资转移的跨市场效应。而在债券市场和商品期货市场之间，虽然期货市场的订单流OF_F与债券市场收益率R_B呈负相关关系且通过了显著性检验，债券市场的订单流OF_B与期货市场的收益率R_F虽然也呈负相关关系，但却没有通过显著性检验，所以二者之间并没有发生跨市场效应现象。

总的来说，我国债券市场和股票市场之间发生了跨市场投资转移现象，商品期货市场和股票市场之间发生了跨市场风险传染现象。虽然投资者的投资转移行为会在一定程度上增强我国金融系统的稳定性和弹性，但是我国国债市场发行品种和成交均较小，所以以此进一步增强我国金融市场的稳定性和弹性。我国股票市场和商品期货市场之间的跨市场风险传染建立了黑天鹅事件冲击风险的传播渠道，也可能会造成更大范围的风险传染，甚至危及实体经济。所以相关部门需要从宏观层面上制定有效的方针策略以及时遏制风险的进一步传播。

4.3.4 金融风险传染的动态 DAI 空间效应实证结果

为了进一步考察本章信息挖掘下构建的信息转移非对称空间权重矩阵的空间效应捕捉能力，本章以 70 个交易日为滑动窗口，对 Spatial - SUR_{IT}模型和 Spatial - SUR_{ED}模型时变空间相关性系数 ρ_{ED}，ρ_{IT}进行估计和对比，以分析二者对短期空间效应的捕捉能力。由此，得到的空间相关性系数时序图如图 4 - 2 和图 4 - 3 所示：

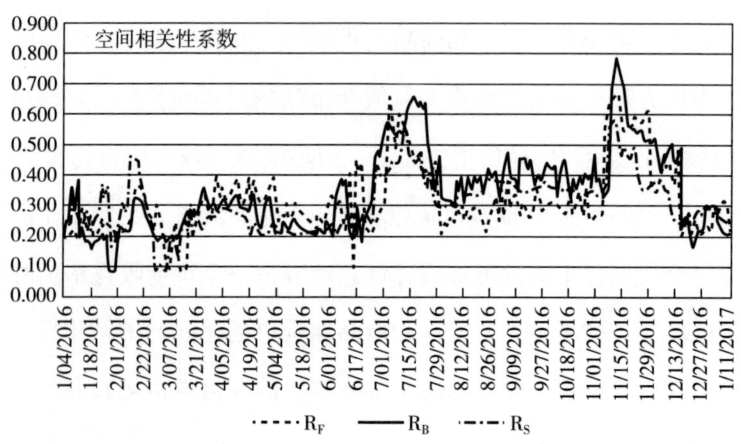

图 4 - 2　信息转移空间权重矩阵的空间相关性系数时序图

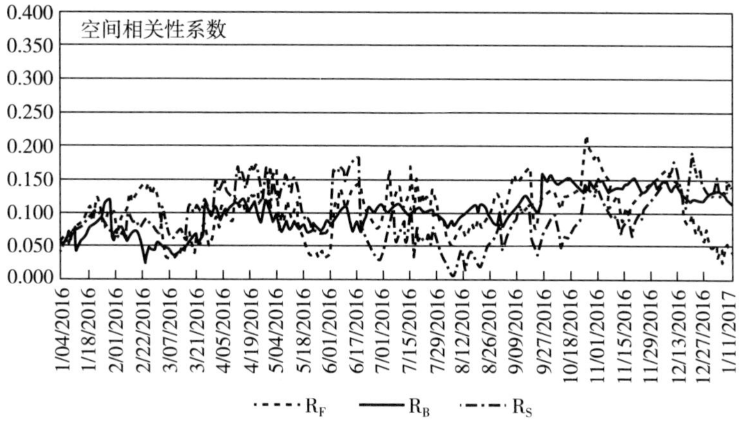

图4-3 传统距离空间权重矩阵的空间相关性系数时序图

从图4-2和图4-3的对比结果可以看出：①传统空间权重矩阵和本章的新空间权重矩阵分别对应的三个方程中的时变空间相关性序列均显著不为零，说明我国金融子市场间的确存在空间效应，所以引入空间效应构建面板Spatial-SUR模型是可行和必要的。②通过对比可以看到，基于新空间权重矩阵Spatial-SUR_{IT}模型中的三个方程R_F、R_B和R_S得到的空间相关性均强于对应的基于传统空间权重矩阵Spatial-SUR_{ED}模型中的三个方程R_F、R_B和R_S得到的空间相关性，证明了本章以信息流为视角构建的信息转移空间权重矩阵在捕捉长期空间效应上更具有适用性和有效性。③在Spatial-SUR_{IT}模型的三个方程中可以看到，在2016年6月23日和2016年11月8日后的短时间内空间相关性系数分别出现了明显的跳跃，这两个时期正好分别对应于英国脱欧公投事件和特朗普当选美国总统事件，而这两个事件均引起了全球金融市场的短期剧烈波动。说明短期内当金融市场受到重大事件冲击时，空间相关性会显著增强。而在基于传统空间权重矩阵Spatial-SUR_{ED}模型中的三个方程中，却没有看到空间相关性的这种跳跃性变化。说明传统空间权重矩阵无法捕捉到事件冲击短期内的空间效应，而本章信息挖掘下构建的空间权重矩阵能够充分有效地捕捉。

4.4 本章小结

本章根据金融市场活动的实际特点，结合信息论，以信息流为视角利用符号化转移熵挖掘信息，构建信息转移非对称空间权重矩阵，对传统空间权重矩阵进行改进，以充分有效地捕捉空间效应。进而构建面板 Spatial - SUR 模型，对在英国脱欧和特朗普当选美国总统两大黑天鹅事件冲击下，我国股票市场、债券市场和商品期货市场间的空间效应和跨市场效应进行分析，并利用滑动窗口技术估计三个子市场间空间效应的动态演变过程进行了研究。实证结果表明：

（1）在两大黑天鹅事件的冲击下，我国金融子市场间存在较强的空间效应，这说明，在构建模型的过程中，引入空间效应是必要的。同时发现相比传统的经济距离空间权重矩阵，本章利用符号化转移熵，基于多个经济单元提出的 DAI 空间权重矩阵构建的模型更能够充分有效地捕捉当前经济形势下的空间效应，其估计精度更高。

（2）通过对金融市场间空间效应的动态演变过程进行分析发现，对于事件冲击短期内的空间效应，传统空间权重矩阵无法充分捕捉到单元间微妙而又剧烈的空间效应的变化，而本章构建的新空间权重矩阵却能够及时有效地捕捉到这种变化，进一步证明了本章提出的信息转移空间权重矩阵的有效性和适用性。

（3）在黑天鹅事件的冲击下，我国股票市场和债券市场间发生了跨市场投资转移现象，股票市场和商品期货市场之间发生了跨市场风险传染现象。相关政策制定者需要从宏观层面整体把握局面，及时有效地制定政策，以维护我国金融市场的稳定。

总之，本章对 2016 年两大黑天鹅事件冲击下我国金融市场间的跨市场效应

和一阶矩信息间的空间效应进行了研究。然而，对于金融市场来说，波动率能够测度金融市场的风险，其蕴含的信息对投资者和管理者等都具有实际的意义，波动率和期望同样都是一个重要的市场参数。而目前国内外却很少有对多元金融市场收益率二阶矩信息，即波动率之间的空间溢出效应进行研究的相关文献。那么，如何利用空间计量经济方法对多元金融市场收益率二阶矩信息，即波动率之间的空间效应进行研究，以更加全面地揭示金融市场的行为规律呢？本书将在第5 章的内容中做出解答。

第5章　金融风险传染的二阶矩DAI空间计量模型及实证分析

经济单元间的空间效应不仅表现在收益率一阶矩信息方面，也表现为其二阶矩信息，即波动率的空间效应方面。而目前相关学者对作为金融市场风险测度参数的波动率之间的空间溢出效应的研究还较少。基于此，本章在第4章构建的DAI空间权重矩阵的基础之上，将空间计量经济方法引入条件方差协方差建模的应用中，并构建多元Spatial－BEKK－GARCH模型。同时针对多元波动率模型中常见的“维数灾难”问题，提出了一定的结构化处理方法。本章以欧债危机为研究背景，对“欧猪五国”股市间的冲击效应及其冲击下金融市场收益率二阶矩信息间的跨经济体、跨市场间空间波动溢出效应进行了研究。

5.1　研究思路

主权信用评级作为衡量一国对对外债务的偿还能力和意愿[178,179]（Eaton等，1986；Lee，1993），直接影响着一国的融资成本，对国家的经济发展有着至关重要的作用。2009年12月美国三大评级机构（标普、穆迪和惠誉）相继下调希腊主权信用评级，引起股票市场的大跌，加剧了国内资本市场的动荡。随后其他欧盟国的债务问题也相继逐步凸显，希腊、爱尔兰、西班牙、葡萄牙和意大利五国的主权信用评级短期内遭遇频繁下调，主权债务危机最为严重，被称为“欧猪五国”。2010年上半年主权债务危机已经蔓延到了整个欧盟区，引起了全球金融市场的剧烈波动，也引发了各国学者对主权信用评级变动冲击金融市场的研究。Kräussl（2001）[180]通过利用向量自回归系统研究了美元债券收益利差和短期国际流动性头寸对突如其来的主权信用评级变动的反应，并得到了突然的评级下调不会必然加剧金融危机的不同于前人研究的结论。Kaminsky 和 Schmukler（2002）[181]利用面板模型研究了主权信用评级变动对新兴国家金融市场的影响，发现主权评级变动对国家风险和股市收益率均有影响，同时也对邻近国家金融市场存在显著的跨国风险溢出效应。Li 等（2008）[182]研究了主权信用评级变动对五个亚洲国家国内和跨国股市收益率的影响，实证发现在1997年的亚洲金融危机中主权信用评级变动是国际金融传染的一个附加渠道。Afonso 和 Furceri（2012）[183]利用事件研究法对评级信息的发布对政府债券收益利差的影响进行了研究，发现评级符号和评级展望的变动对政府债券收益利差都有明显影响，尤其是负面评级信息，影响更为显著。Submitter（2012）[184]研究了主权信用评级变动对事件国CDS利差的影响以及对非事件国CDS溢价的溢出效应，发现正的评级事件对事件国CDS市场在评级变动前后两天具有显著影响，也更易对非事件国产生溢出效应。Chen 等[185]（2016）通过对一国主权信用评级的变动对其他国家经济增长率影响的研究，发现评级变动具有显著的对外溢出效应，而这种溢出效应是通过事件国与非事件国之间直接和间接的贸易以及金融连接进行传递的。以上研究一方面表明无论是新兴国家还是发达国家，主权信用评级变动对事件国的金融市场和经济发展都有着显著影响，同时对临近的非事件国也普遍存在跨国溢出效应；另一方面主权信用评级变动（上升和下调）存在不对称效应，相比评级上升，评级下调对金融市场的冲击效应更为显著[183,186]（Afonso 和 Furceri，2012；Martell，2005）。

多元波动率模型（MVM）主要应用在资产定价、期权定价和投资组合选取等问题的研究中[187]（Bauwens 等，2006）。主要包括多元随机波动率模型（MSV）[188]（Mcaleer，2006），多元已实现协方差模型（MRV）[189]（Mcaleer 和 Medeiros，2008）和多元 GARCH（MGARCH）模型[190,191]（Mcaleer，2008；Silvennoinen 和 Teräsvirta，2009）。其中，MGARCH 模型能够刻画金融资产间的波动溢出和风险交叉传递，在多个金融市场间波动溢出效应的研究中使用较多[192]（熊正德等，2015）。国外很多学者都曾利用多元 GARCH 模型对金融市场之间的相互影响进行研究[193-195]（Caporale 等，2002；Tastan，2006；Walid 等，2011）。2016 年 Baum 和 Schäfer[196]通过事件研究法并结合 GARCH 模型的方法研究了欧债危机期间主权评级下调对欧元兑主要货币价值以及对法国、意大利、西班牙和德国长期政府债券收益率的冲击效应，发现评级下调及评级展望信息并未对欧元价值产生影响，但是增强了外汇波动率；同时发现评级下调和负面评级展望增加了法国、意大利和西班牙的债券收益率。国内也有很多学者利用多元 GARCH 模型度量金融市场之间的波动溢出效应[197-200]（樊智和张世英，2003；李成等，2010；苏木亚和郭崇慧，2015；孟庆浩和张卫国，2015）。相比其他多元 GARCH 波动率模型如 VEC 模型、CCC 模型和 DCC 模型等，BEKK - GARCH 模型具有能够较易保证协方差矩阵的正定性的优点[200]（孟庆浩和张卫国，2015）。

然而在无约束的情况下，MSV 面临的一个最大的挑战就是参数个数的增长速率快于横截面维度的增长速率，造成“维数灾难”问题，限制了 MSV 在多截面问题中的应用。针对这个问题国外研究学者提出了诸如收缩估计方法[201,202]（Abadir 等，2014；Ledoit 和 Wolf，2012）、稀疏协方差矩阵估计方法[203]（Lam 和 Fan，2009）和因子模型法[204,205]（Fan 等，2011；Lam 和 Yao，2012）等非参数估计方法。国内学者也提出了相应的解决方法[200,206]（孟庆浩和张卫国，

2015；王明进和陈奇志，2006）。

2015年Caporin等[165]结合空间计量经济理论构造空间权重矩阵对多元BEKK - GARCH模型的方差向量方程进行结构化约束处理，减少了待估参数个数，并将空间计量模型应用到了条件协方差的建模中。虽然其根据不同的标准构造了不同的空间权重矩阵，但都是根据单元间是否“邻接”构建的传统对称空间权重矩阵。本章在Caporin等（2015）[165]基础之上，以欧债危机为背景，采用第4章中的方法，结合信息论和空间计量理论，从金融单元活动的实际非对称关系出发，利用第2章中提出的转移熵概念，构建基于转移熵的DAI经济空间权重矩阵，进而构建多元Spatial - BEKK - GARCH模型，并利用其对传统多元波动率模型进行结构化处理，对欧洲主权信用评级下调期间，“欧猪五国”股市波动率之间的空间效应及评级下调的冲击效应进行了研究，并对空间计量经济学在条件协方差矩阵建模中的应用进行了研究探讨。以期更加充分有效地捕捉单元的空间效应，及缓解多元波动率模型中的维度灾难问题。

本章的研究思路如图5 - 1所示：

5.2 多元DAI空间波动率模型构建

本章在文献[165]（Caporin等，2015）的基础上，将空间计量经济理论引入到条件方差协方差模型的构建中，利用第4章中构建的DAI空间权重矩阵，构建多元空间Spatial - BEKK - GARCH（1，1）波动率模型，以展开对金融市场二阶矩信息波动率间的空间效应研究，拓展空间计量经济理论的应用范围，并利用DAI空间权重矩阵对模型的方差协方差矩阵进行参数结构化处理，以期缓和甚至解决多元波动率模型中常见的维数灾难问题，进而对均值方程表示的主权信用评级下

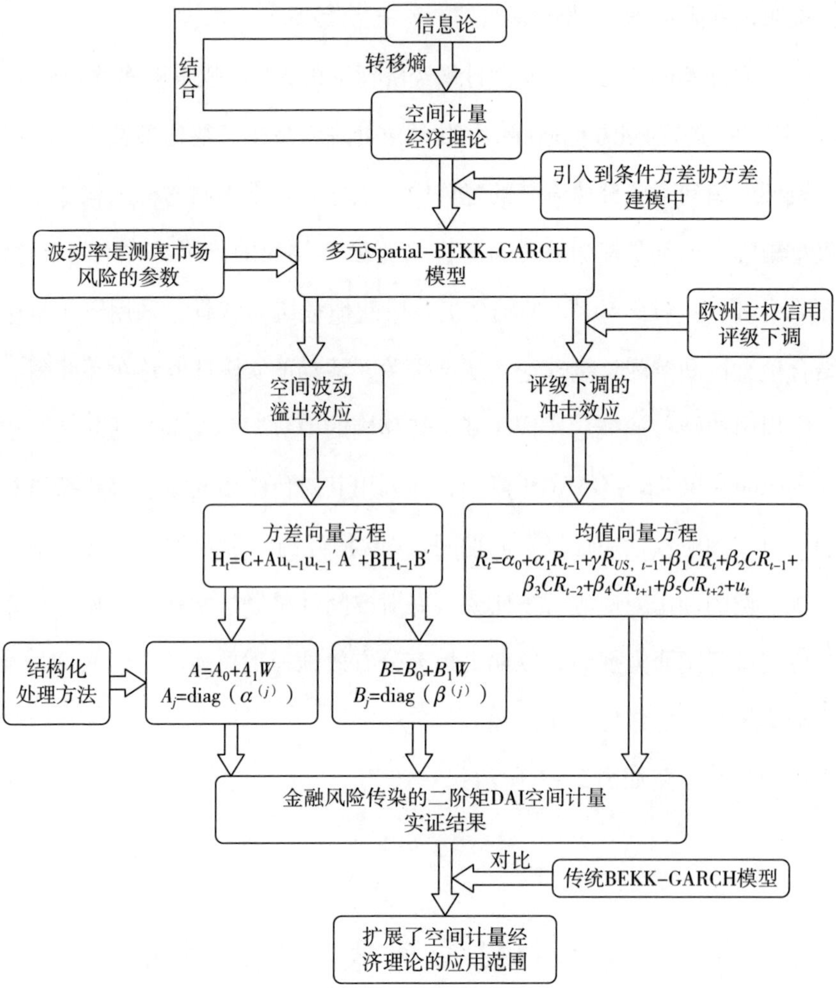

信息论
转移熵
结合
空间计量经济理论
引入到条件方差协方差建模中
波动率是测度市场风险的参数
多元Spatial-BEKK-GARCH模型
欧洲主权信用评级下调
空间波动溢出效应
评级下调的冲击效应
方差向量方程
$H_t=C+Au_{t-1}u_{t-1}'A'+BH_{t-1}B'$
均值向量方程
$R_t=\alpha_0+\alpha_1R_{t-1}+\gamma R_{US,t-1}+\beta_1CR_t+\beta_2CR_{t-1}+\beta_3CR_{t-2}+\beta_4CR_{t+1}+\beta_5CR_{t+2}+u_t$
结构化处理方法
$A=A_0+A_1W$
$A_j=\text{diag}(\alpha^{(j)})$
$B=B_0+B_1W$
$B_j=\text{diag}(\beta^{(j)})$
金融风险传染的二阶矩DAI空间计量实证结果
对比
传统BEKK-GARCH模型
扩展了空间计量经济理论的应用范围

图5-1　本章研究思路路线图

调的冲击效应及方差方程表示的“欧猪五国”股市间的空间波动溢出机制进行分析。其中，向量均值方程为：

$$R_t=\alpha_0+\alpha_1R_{t-1}+\gamma R_{US,t-1}+\beta_1CR_t+\beta_2CR_{t-1}+\beta_3CR_{t-2}+\beta_4CR_{t+1}+\beta_5CR_{t+2}+u_t \tag{5-1}$$

其中，$u_t/\Theta_{t-1}=(u_{1t},\ u_{2t},\ u_{3t},\ u_{4t},\ u_{5t})'\sim N(0,\ H_t)$，$\Theta_{t-1}$表示截至$t-1$

时刻所获得的信息集，H_t 表示条件方差协方差矩阵。R_t =（r_{1t}，r_{2t}，r_{3t}，r_{4t}，r_{5t}）′，表示“欧猪五国”综合股指的收益率列向量，$R_{US,t-1}$表示美国股市 $t-1$ 日的收益率，考虑到美国股市在国际金融市场中的重要性，本章将标普500指数的收益率纳入了模型的解释变量中。CR_t 表示 t 日主权信用评级下调的虚拟变量，若 t 日下调，则取 -1；否则取0。CR_{t+1}，CR_{t+2}，CR_{t-1}，CR_{t-2}领先和滞后两天的主权信用评级下调虚拟变量的引入是为了检验评级下调对于金融市场是存在预警作用还是存在市场发生异动后才发布评级信息的亲市场行为。如果评级信息对市场存在一定的预警作用，则 CR_{t-1}，CR_{t-2}系数至少有一个在统计上显著不为零；若评级信息存在亲市场行为则 CR_{t+1}，CR_{t+2}的系数至少有一个在统计上显著不为零。

向量方差方程为：

$$H_t = C + Au_{t-1}u_{t-1}'A' + BH_{t-1}B' \qquad (5-2)$$

其中，u_{t-1}为 $n\times1$ 的列向量，C 为无约束矩阵。A 是条件残差 $ARCH$ 项系数矩阵，B 是条件方差协方差 $GARCH$ 项系数矩阵。本章对 A，B 的结构化处理方法如下：

$$A = A_0 + A_1W,\ B = B_0 + B_1W \qquad (5-3)$$

其中，$A_j = \mathrm{diag}(\alpha^{(j)})$，$B_j = \mathrm{diag}(\beta^{(j)})$，$j=0$，1 均为 5×5 的对角矩阵；$\alpha^{(j)}$，$\beta^{(j)}$，$j=0$，1 均为 5×1 的参数向量。W 则是以欧猪五国各国股市股指收益率的符号化转移熵为组成元素的 DAI 空间权重矩阵。与第4章一样，其具体计算过程请参见本书第2.1.3节。

由式（5-3）可知，矩阵A，B的设定形式是形如式（5-4）的特殊情况：

$$\Pi = \sum_{i=0}^{k} \mathrm{diag}(\varphi^{(i)})W^{(i)} \qquad (5-4)$$

当 $i=0$ 时，$W^{(0)}=I$，I 为单位矩阵。$\varphi^{(i)}$为 $n\times1$ 的向量，$i=0$，1，⋯，k。

联合式（5-3），对 Au_{t-1}项进行分解，可得：

$$Au_{t-1} = (A_0 + A_1W)u_{t-1} = \mathrm{diag}(\alpha^{(0)})u_{t-1} + \mathrm{diag}(\alpha^{(1)})Wu_{t-1}$$

$$(Au_{t-1})_i = \alpha_i^{(0)} u_{i,t-1} + \alpha_i^{(1)} \sum_{h \neq i} w_{ih} u_{h,t-1} \tag{5-5}$$

由式（5－5）可推知Au_{t-1}为$n \times 1$的列向量，n为单元个数。则其第i个元素（Au_{t-1}）$_i$由$\alpha^{(0)} u_{i,t-1}$和$\alpha^{(1)} w'_i u_{t-1}$两项组成。前者为残差项$u_{it}$的滞后项，即残差自身的反馈效应；后者为单元$i$一阶邻居残差的空间溢出效应。其中，$w'_i$表示权重矩阵$W_n$的第$i$行，则$w'_i u_{t-1}$正比于空间单元残差项$u_{t-1}$的平均值，所以$w'_i u_{i,t-1}$表示所有其他一阶邻居的残差对单元$i$残差的空间溢出效应。因此，$Au_{t-1} u'_{t-1} A'$不仅包含对角线效应即残差自身的反馈效应也包含残差的空间溢出效应。

同理对$BH_{t-1}B'$矩阵进行分解，可得其（i，j）项元素为：

$$\begin{aligned}(BH_{t-1}B')_{ij} = {} & \beta_i^{(0)} \beta_j^{(0)} (H_{t-1})_{ij} + \beta_j^{(0)} \beta_i^{(1)} (w'_i H_{t-1} e_j) + \beta_i^{(0)} \beta_j^{(1)} (e'_i H_{t-1} w_j) + \\ & \beta_j^{(1)} \beta_i^{(1)} (w'_i H_{t-1} w_j)\end{aligned} \tag{5-6}$$

由式（5－6）可知第一项为条件协方差自身的滞后项$(H_{t-1})_{ij}$，即条件协方差的反馈效应。第二项中e_j表示单位矩阵的第j列，w'_i同样表示权重矩阵W_n的第i行，则$w'_i H_{t-1} e_j$表示$t-1$时刻单元i的邻居（不包括i）对单元j的条件协方差空间溢出效应。第三项中e'_i表示单位矩阵的第i行，w_j表示权重矩阵W_n的第j列，则其与第二项的意义类似，只是将i和j互换。第四项$w'_i H_{t-1} w_j$表示单元i的邻居对单元j的邻居（不包括i和j）的条件协方差空间溢出效应，即单元i和j的邻居对$(H_t)_{ij}$的协方差空间溢出效应。总之，第一项表示协方差自身的反馈效应，后三项为单元i，j和它们邻居间协方差的空间溢出效应。

以上分析表明通过构建空间权重矩阵对H_t进行结构化处理，一方面大大减少了待估参数的个数；另一方面通过利用空间权重矩阵对A、B进行分解，将波动溢出效应分解为A_0、B_0代表的残差和协方差自身的反馈效应和$A_1 W$、$B_1 W$代表的残差和协方差的空间溢出效应。

与传统的BEKK－GARCH模型一样，本章依然采用极大似然方法进行估计。对应的对数似然函数为：

$$\ln L(\theta) = -\frac{TN}{2}\ln(2\pi) - \frac{1}{2}\sum_{t=1}^{T}(\ln|H_{t-1}| + u_t{}'H_{t-1}^{-1}u_t) \tag{5-7}$$

其中，θ 为待估参数，T 为样本观长度，N 为样本观测个数。

5.3　金融风险传染的二阶矩 DAI 空间计量经济分析

本章结合信息论和空间计量经济学理论，通过构建信息转移非对称转移熵空间权重矩阵捕捉各国股市之间的空间效应，进而建立多元 Spatial - BEKK - GARCH 模型研究欧债危机期间主权信用评级下调对“欧猪五国”各国股市的冲击效应及股指收益率二阶矩信息的空间波动溢出效应进行研究，以拓展空间计量经济理论在金融领域的应用范围，并和基于传统矩阵的多元 Spatial - BEKK - GARCH 模型的估计结果进行比较分析。在研究过程中，通过对 ARCH 项系数矩阵 A 和 GARCH 项系数矩阵 B 的结构化处理，将波动溢出效应分解为残差和协方差自身的反馈效应和空间波动溢出效应两个方面进行分析。

本章选取 2009 年 1 月 1 日至 2012 年 12 月 31 日间每个工作日各国主要股指日收盘价数据。希腊选取雅典 ASE 股指，爱尔兰选取 ISEQ 综合股指，西班牙选取马德里 SMSI 指数，葡萄牙选取 PSI20 指数，意大利选取富时 MIB 指数。考虑到美国在国际市场的地位，本章选取美国标普 500 指数 S&P500 作为影响“欧猪五国”股市的一个全局因素加入模型的解释变量中。共计 973 个有效交易日，样本期间内“欧猪五国”发生多次评级下调事件。为了检验模型的预测能力，本章选取 2009 年 1 月 1 日至 2012 年 8 月 6 日共计 873 个观测数据作估计样本，2012 年 8 月 7 日至 2012 年 12 月 31 日共计 100 个有效日期为样本外观测数据。数据来自 Bloomberg。

5.3.1 数据选取及分析

5.3.1.1 股指收益率

所有的股票收益率均采用收盘价的一阶对数差分形式计算，如下：

$$R_{i,t}=\ln(P_{i,t}/P_{i,t-1})\times 100\% \tag{5-8}$$

其中，$R_{i,t}$表示国家 i 综合股指第 t 个交易日的收益率；$P_{i,t}$表示国家 i 综合股指第 t 个交易日的收盘价；$i=1$，2，…，5 分别代表“欧猪五国”。表 5－1 给出了各国收益率序列的基本统计特征。

表 5－1　“欧猪五国”综合股指收益率序列的基本统计特征

	R_{ASE}	R_{ISEQ}	R_{MIB}	R_{PSI20}	R_{SMSI}
均值	$-1.022e^{-3}$	$-2.92e^{-4}$	$-4.47e^{-4}$	$-2.93e^{-4}$	$-3.32e^{-4}$
标准差	0.0244	0.0303	0.0210	0.0160	0.0203
偏度	0.0744	0.5337	−0.4481	−0.7485	−0.2229
峰度	10.5562	317.0582	43.4564	37.2629	32.4099
J－B 统计量	3467.56***	5987888.01***	99411.48***	71404.28***	52521.16***
Q（5）	5.0550*	145.78***	42.810***	14.561**	13.007**
Q（10）	8.0442*	148.96***	45.721***	46.649***	25.387***
Q^2（5）	170.00***	361.07***	310.16***	124.71***	278.92***
Q^2（10）	191.58***	361.09***	312.53***	135.99***	284.52***
ADF 统计量	−38.62***	−34.05***	−43.74***	−39.91***	−41.17***
平稳性结论	平稳	平稳	平稳	平稳	平稳

注：①***，**，*分别表示在 1%，5%，10% 的显著水平下拒绝原假设。②Q（5）、Q（10）分别表示序列滞后期 5 阶、10 阶自相关系数联合为零的 Ljung－Q 统计量；Q^2（5）、Q^2（10）分别表示序列平方滞后期 5 阶、10 阶自相关系数联合为零的 Ljung－Q 统计量。

由表 5－1 可知，样本期间内“欧猪五国”综合股指收益率均值均为负值。爱尔兰的标准差相对较大，波动较为剧烈；葡萄牙的标准差较小，波动较为平缓。希腊和爱尔兰的标准差呈现右偏分布，其余三国的呈现左偏分布。峰度均远大于3，尖峰厚尾分布特征最为明显。由J－B统计量可知，均不服从正态分布，Ljung－Q统计量表明，收益率序列的滞后1～5阶和滞后1～10阶均表现出了强烈的自相关性；Q^2（5）、Q^2（10）表明各序列的平方存在显著自相关性，说明存在波动聚集性，ARCH效应明显，符合建立GARCH模型的前提。ADF检验结果表明所有的序列均是平稳的，所以不会存在“伪回归问题”。

5.3.1.2　主权信用评级

主权信用评级反映着一国偿还对外债务的意愿和能力。因此其直接关系着一国的融资成本和对外融资能力。而评级机构中标普相对更为活跃，能够提供更丰富的信息。而且标普的评级变动较少被投资者预期，并先于其他评级机构发布信息[207]（Reisen和Maltzan，1999），因此本章采用标普发布的长期外币主权信用评级。而评级展望也包含着一国的主权信用健康信息[207]（Reisen和Maltzan，1999），因此本章也选用了由标普发布的信用评级展望，将其与评级信息一起作为本章的“综合信用评级”，并采用Parsley和Gande（2005）[208]提出的方法对“综合信用评级”进行度量。最终的“综合信用评级”度量结果为字母评级对应数值与评级展望对应数值的加和。若当日的“综合信用评级”度量结果相比前日减小了，即为评级下调事件，记为－1；否则记为0。各字母评级和评级展望信息对应数值编码如表5－2所示：

表5－2　评级符号数值对照表

投资级		投机级		评级展望	
评级符号	数值	评级符号	数值	展望信息	数值
AAA	21	BB＋	11	Positive	＋0.5
AA＋	20	BB	10	Watch positive	＋0.25
AA	19	BB－	9	Stable	0
AA－	18	B＋	8	Watch negative	－0.25
A＋	17	B	7	Negative	－0.5

续表

投资级		投机级		评级展望	
评级符号	数值	评级符号	数值	展望信息	数值
A	16	B -	6		
A -	15	CCC +	5		
BBB +	14	CCC	4		
BBB	13	CCC -	3		
BBB -	12	CC	2		
		C	1		
		SD，D	0		

在此编码基础上，样本期间内各国的评级下调情况如表5－3所示：

表5－3　样本期间内“欧猪五国”评级变动情况

国家	评级变动次数	展望变动次数	评级下调次数	评级上调次数	总变动次数
希腊	11	5	13	3	16
爱尔兰	6	5	9	2	11
葡萄牙	5	6	9	2	11
西班牙	7	4	8	3	11
意大利	2	1	2	1	3
合计	32	25	45	12	57

由表5－3可知，样本期间内，各国虽有几次上调情况，但多数是面临评级下调。“欧猪五国”主权信用评级总共遭遇45次下调，其中，希腊下调最为频繁，共为16次。

5.3.1.3　空间权重矩阵

按照本书第2.1.2节提出的符号化转移熵方法，计算得到的原始空间权重矩阵如表5－4所示：

表5-4　转移熵空间权重矩阵

国家	希腊	爱尔兰	意大利	葡萄牙	西班牙	合计
希腊	0	0.717	0.756	0.646	0.724	2.843
爱尔兰	0.742	0	0.630	0.643	0.659	2.674
意大利	0.748	0.631	0	0.555	0.539	2.473
葡萄牙	0.782	0.714	0.611	0	0.672	2.779
西班牙	0.718	0.632	0.527	0.555	0	2.432
合计	2.990	2.694	2.524	2.399	2.594	

由表5-4可知，在整个样本期间内各国股市之间的信息流比较强，都在0.5以上，这说明欧债危机期间各国股市之间的联系相对比较紧密。而且表格第一行每个元素（除0外）均是所在列的最大值，第一列的每个元素（除0外）均是所在行的最大值。这说明整体上希腊作为欧债危机的第一个爆发国，其余四国中总输出信息流最大的，为2.843，其次是葡萄牙，为2.779。说明希腊和葡萄牙是欧债危机的主要输出国。另外，希腊受到的来自其余四国的总输入信息流最大的为2.990，即受到的综合影响程度最强，与其他四国相比相差较大。说明希腊虽然是危机的主要输出国，但是可能由于其金融市场相比较不稳定，也较易受到其余国家的影响。但是只有葡萄牙的总净信息流为正，其余均为负，来自其他国家的总输入净信息流也是最小的。说明葡萄牙整体上是对外产生影响，而不是受别国影响。

5.3.2　主权信用评级下调的冲击效应实证结果

为了验证DAI空间权重矩阵在传统多元波动率模型中的有效性，本章采用了第4章中的构建方式构造了传统经济距离空间权重矩阵 W^{ED} 和DAI经济空间权重矩阵 W^{STE} 并进行对比。进而构建多元Spatial-BEKK-GARCH（1，1）模型研究“欧猪五国”各股市收益率间的空间波动溢出机制，并通过在模型中加入主权信用评级下调虚拟变量的领先滞后控制变量研究主权信用评级下调在市场中的作用。本章利用 MATLAB 软件进行运算。

两个模型得到的均值方程估计结果如表 5-5 和表 5-6 所示：

表 5-5　dg-W^{ED}模型均值向量方程估计结果

参数	dg-W^{ED}模型				
	R_{ASE}	R_{ISEQ}	R_{MIB}	R_{PSI20}	R_{SMSI}
α_0	0.001	0.012	0.002***	0.001*	0.002***
R_{us} (-1)	0.336***	0.283***	0.262***	0.229***	0.323***
R_g (-1)	0.105***				
R_{il} (-1)		0.035***			
R_{it} (-1)			0.059***		
R_p (-1)				0.101***	
R_s (-1)					0.108***
CR	-0.117***	-0.030	-0.002	-0.003	-0.006
CR (-1)	-0.201***	-0.167*	-0.031**	-0.152***	-0.102*
CR (-2)	0.010	-0.002	0.001	0.011	-0.006*
CR (1)	-0.104**	0.016	0.003	0.001	0.007
CR (2)	-0.019*	0.009	0.005	0.002	0.005
R^2	0.37	0.41	0.39	0.46	0.51

注：①***，**，*分别表示在1%，5%，10%的水平下显著；②（-1），（-2），（1），（2）分别表示滞后1期，2期和领先1期，2期。

表 5-6　dg-W^{STE}模型均值向量方程估计结果

参数	dg-W^{STE}模型				
	R_{ASE}	R_{ISEQ}	R_{MIB}	R_{PSI20}	R_{SMSI}
α_0	0.017	0.021	0.011	0.005	0.013
R_{us} (-1)	0.416***	0.397***	0.227***	0.513***	0.344***
R_g (-1)	0.128***				
R_{il} (-1)		0.117***			
R_{it} (-1)			0.161***		
R_p (-1)				0.265***	

续表

参数	dg－W^{STE}模型				
	R_{ASE}	R_{ISEQ}	R_{MIB}	R_{PSI20}	R_{SMSI}
R_s（－1）					0.283***
CR	－0.112***	－0.101	－0.017	－0.021	－0.013
CR（－1）	－0.236***	－0.211**	－0.121***	－0.132***	－0.182**
CR（－2）	0.133	－0.019	－0.100***	0.203	0.221
CR（1）	－0.022*	0.031	0.019	－0.136***	0.118
CR（2）	－0.001	0.123	－0.034	0.061	－0.415
R^2	0.50	0.42	0.59	0.61	0.63

注：①***，**，*分别表示在1%，5%，10%的水平下显著；②（－1），（－2），（1），（2）分别表示滞后1期，2期和领先1期，2期。

由表5－5和表5－6可知，对每个国家而言，dg－W^{STE}模型的拟合优度都呈现出了一定程度的提高，再次说明了基于本书提出的DAI空间权重矩阵在捕捉金融市场收益率一阶矩信息更具有有效性和适用性。同时也说明了基于DAI空间权重矩阵构建的模型能够更好地拟合数据。所以，本书着重分析表5－6中dg－W^{STE}模型的估计结果。由表5－6可知，欧债危机期间，结果显示“欧猪五国”当日的股票收益率除了受到本国股市前一天的正向显著影响外，还受到了美国股市前一天正向的显著影响，而且其程度大于本国股市自身前一天的影响，说明了美国股市在国际市场上的重要性。而对于主权信用评级下调的影响，表5－6显示下调当日除了希腊股市呈现出10%左右的显著下降趋势外，其余四国均不显著。这可能是因为欧债危机期间希腊的主权信用评级下调最为频繁，主权信用相对较低造成的。而领先一天的评级下调只有希腊和葡萄牙股市的系数是显著的，领先两天的评级系数只有希腊是显著的，说明主权信用评级下调的亲市场行为并不明显。但是滞后一天的主权信用评级下调信息对五个国家的当日的股市都呈现出了显著的负向影响而且影响程度相对较大，说明欧债危机期间，主权信用评级下调信息对股市存在一定的预警作用。

5.3.3 主权信用评级下调的 DAI 空间波动效应实证结果

两个模型得到的方差方程估计结果如表 5－7 所示：

表 5－7 A_0，A_1 和 B_0，B_1 的参数估计结果

参数	dg－W^{ED}	dg－W^{STE}	参数	dg－W^{ED}	dg－W^{STE}
$\alpha_1^{(0)}$	0.342***	0.302***	$\beta_1^{(0)}$	0.476**	0.573***
$\alpha_2^{(0)}$	0.317***	0.308***	$\beta_2^{(0)}$	0.451***	0.454***
$\alpha_3^{(0)}$	0.298***	0.276***	$\beta_3^{(0)}$	0.377***	0.471***
$\alpha_4^{(0)}$	0.405***	0.211***	$\beta_4^{(0)}$	0.454***	0.361***
$\alpha_5^{(0)}$	0.321***	0.312***	$\beta_5^{(0)}$	0.463***	0.382***
$\alpha_1^{(1)}$	0.395*	0.512**	$\beta_1^{(1)}$	0.775**	－0.926***
$\alpha_2^{(1)}$	0.266	－0.467*	$\beta_2^{(1)}$	0.809*	0.867*
$\alpha_3^{(1)}$	－0.408*	0.453*	$\beta_3^{(1)}$	0.876*	0.833**
$\alpha_4^{(1)}$	0.397**	－0.488***	$\beta_4^{(1)}$	0.632*	0.908*
$\alpha_5^{(1)}$	－0.236*	0.441***	$\beta_5^{(1)}$	－0.901*	－0.821*
		dg－W^{ED}		dg－W^{STE}	
Log Likelihood		13458.75		14968.61	
AIC		－26.07		－27.55	
SC		－25.81		－27.27	

注：***，**，*分别表示在1%，5%，10%的水平下显著。

表 5－7 显示与基于传统经济距离矩阵的 dg－W^{ED} 模型相比，基于转移熵的 DAI 空间权重矩阵的 dg－W^{STE} 模型的对数似然值变大了，AIC 和 SC 值变小了，说明相比传统空间权重矩阵，本章基于多个经济单元间的转移熵构建的 DAI 空间权重矩阵能够在捕捉各国股市之间的空间相关性上更具有适用性。同时我们知道，如果矩阵 A 和 B 是无约束的，待估参数应为 65（$2n^2+n(n+1)/2$）个。而本章通过利用空间权重矩阵对模型方差方程进行结构化的处理，使得待估参数减少到了 20（$2n+2n$）个，这极大地缓解了多元波动率模型中的维数灾难问题，

同时也大大降低了时间复杂度，提高了计算效率。

由表 5 – 8 中 Ljung – Q 统计量的结果可以看出在两个模型中残差项均没有表现出序列相关性的特征；ARCH – LM 检验结果也显示已经消除了 ARCH 效应。

表 5 – 8　各国股指收益率残差项的 ARCH 效应检验

	dg – W^{ED} 模型					dg – W^{STE} 模型				
	ASE	ISEQ	MIB	PSI	SMSI	ASE	ISEQ	MIB	PSI	SMSI
ARCH – LM	0.39	0.42	0.36	0.43	0.32	0.36	0.38	0.40	0.42	0.33
Q（10）	8.61	8.27	7.48	7.05	7.36	8.52	8.01	7.03	6.71	7.01
Q^2（10）	5.97	6.33	7.06	6.15	5.77	5.83	6.39	6.81	5.34	5.09

注：①***，**，*分别表示在 1%，5%，10% 的显著性水平下拒绝零假设；②ARCH – LM 的原假设无 ARCH 效应；③Q（10），Q^2（10）分别表示序列滞后期 10 阶、序列平方滞后期 10 阶自相关系数联合为零的 Ljung – Q 统计量。

为了进一步判断 DAI 空间权重矩阵的有效性，本书通过选取样本期间内后 100 个有效交易日内的数据作为样本外数据，对两种模型的预测性能进行了对比。本章选取均方误差（MSVE）、平均绝对误差（AVGE）两个评价指标进行判别。记 T 为样本长度，r_t^s 表示收益率预测值，r_t^f 表示收益率预测值，各指标的表达式如下：

$$MSVE = \frac{1}{T}\sum_{t=1}^{T}\left(\frac{r_t^f - r_t^s}{r_t^s}\right)^2, AVGE = \frac{1}{T}\sum_{t=1}^{T}\left|\frac{r_t^f - r_t^s}{r_t^s}\right| \tag{5-9}$$

两种模型的评价指标结果如表 5 – 9 和表 5 – 10 所示：

表 5 – 9　dg – W^{ED} 模型的预测精度结果

	dg – W^{ED} 模型				
	R_{ASE}	R_{ISEQ}	R_{MIB}	R_{PSI20}	R_{SMSI}
MSVE	2.82E – 4	9.06E – 6	8.01E – 6	1.17E – 4	1.83E – 5
AVGE	1.68E – 3	3.01E – 4	2.83E – 4	1.08E – 3	4.28E – 4

表 5－10 dg－W^STE^模型的预测精度结果

	dg－W^{STE}模型				
	R_{ASE}	R_{ISEQ}	R_{MIB}	R_{PSI20}	R_{SMSI}
MSVE	2.04E－4	7.13E－6	6.25E－6	5.01E－5	1.61E－5
AVGE	1.43E－3	2.67E－4	2.50E－4	7.08E－4	4.01E－4

表 5－9 和表 5－10 的预测结果显示，与 dg－W^{ED}模型相比，dg－W^{STE}模型对五国股市收益率的预测效果均在一定程度上得到了提高。所以本章着重分析表 5－7中 dg－W^{STE}模型的方差方程估计结果。

根据表 5－7 中 dg－W^{STE} 模型 A_0，A_1 和 B_0，B_1 的参数估计结果，可得出 dg－W^{STE}模型中矩阵 A_0（残差自身的反馈效应），A_1W（残差的空间溢出效应）及 B_0（协方差自身的反馈效应），B_1W（协方差的空间溢出效应）的估计结果如下：

$$A_0 = \mathrm{diag}(0.302,\ 0.308,\ 0.276,\ 0.211,\ 0.312), \tag{5-10}$$

$$B_0 = \mathrm{diag}(0.573,\ 0.454,\ 0.471,\ 0.361,\ 0.382) \tag{5-11}$$

$$A_1W = \begin{bmatrix} 0 & \alpha_{12} & \alpha_{13} & \alpha_{14} & \alpha_{15} \\ \alpha_{21} & 0 & \alpha_{23} & \alpha_{24} & \alpha_{25} \\ \alpha_{31} & \alpha_{32} & 0 & \alpha_{34} & \alpha_{35} \\ \alpha_{41} & \alpha_{42} & \alpha_{43} & 0 & \alpha_{45} \\ \alpha_{51} & \alpha_{52} & \alpha_{53} & \alpha_{54} & 0 \end{bmatrix}$$

$$= \begin{bmatrix} 0 & 0.129 & 0.136 & 0.116 & 0.131 \\ -0.129 & 0 & -0.110 & -0.113 & -0.115 \\ 0.137 & 0.116 & 0 & 0.102 & 0.099 \\ -0.137 & -0.125 & -0.107 & 0 & -0.118 \\ 0.130 & 0.115 & 0.096 & 0.101 & 0 \end{bmatrix} \tag{5-12}$$

$$B_1W=\begin{bmatrix} 0 & \beta_{12} & \beta_{13} & \beta_{14} & \beta_{15} \\ \beta_{21} & 0 & \beta_{23} & \beta_{24} & \beta_{25} \\ \beta_{31} & \beta_{32} & 0 & \beta_{34} & \beta_{35} \\ \beta_{41} & \beta_{42} & \beta_{43} & 0 & \beta_{45} \\ \beta_{51} & \beta_{52} & \beta_{53} & \beta_{54} & 0 \end{bmatrix}$$

$$=\begin{bmatrix} 0 & -0.233 & -0.246 & -0.210 & -0.236 \\ 0.240 & 0 & 0.204 & 0.209 & 0.213 \\ 0.252 & 0.212 & 0 & 0.187 & 0.182 \\ 0.255 & 0.233 & 0.200 & 0 & 0.220 \\ -0.242 & -0.213 & -0.178 & -0.187 & 0 \end{bmatrix} \quad (5-13)$$

由表5－7可知 dg－W^{STE}模型中矩阵 A_0，B_0 的元素即 $\alpha_i^{(0)}$ 和 $\beta_i^{(0)}$（i＝1，2，…,5）均显著，说明各国股市波动均受到自身市场外部冲击和前期波动的显著影响，体现出了波动集聚性的特征。另外可发现，B_0 矩阵元素 $\beta_i^{(0)}$ 的值都比 A_0 矩阵元素 $\alpha_i^{(0)}$ 的值稍高些，B_1 矩阵元素 $\beta_i^{(1)}$ 的值也都比 A_1 矩阵元素 $\alpha_i^{(1)}$ 的值稍高些，说明 GARCH 项即方差项比 ARCH 项即残差项对矩阵 H_t 的影响要大些。

而各国股市间收益率波动的空间溢出效应，则由本章提出的 A_1W 所代表的残差空间波动溢出效应和 B_1W 所代表的方差空间波动溢出效应共同决定。首先，由表5－7可知，A_1 和 B_1 中的元素都是显著的，说明欧债危机期间，“欧猪五国”各国股市收益率之间信息传递紧密，均存在双向和单向的波动溢出效应。其次，由式（5－12）和式（5－13）可知，整体来看，欧债危机期间无论是残差项还是方差项，与其他国家相比希腊和葡萄牙对其余四国的空间波动溢出效应都相对比较显著。这可能是由于希腊是欧债危机的第一个爆发国，它的倒下迅速引起了投资者的恐慌，进而导致其余欧盟国融资成本的增加。而葡萄牙虽然是继希腊、爱尔兰倒下的欧债危机的第三张“多米诺骨牌”，但是其与西班牙有着千丝万缕的经济联系，如果葡萄牙倒下，西班牙很难独善其身。而意大利持有葡萄牙和西班牙大量债券，所以希腊和葡萄牙在整个欧债危机的演变中有着举足轻重的地位。

具体来说，首先来看希腊，式（5－12）和式（5－13）显示希腊对其余四国股市的残差和方差均存在较强烈的影响；从影响程度来看无论是残差项还是方差项，希腊对意大利的空间溢出效应较为强烈，然后为西班牙，而对葡萄牙的影响较弱，而各国对希腊残差和方差的影响也呈现出了较强烈的空间溢出效应。这也与表5－5转移熵空间权重矩阵中的趋势一致。只是希腊对其余四国残差项的空间溢出符号为正，方差项的空间溢出符号为负。其次看葡萄牙，与希腊趋势基本一致，葡萄牙对其余四国的残差和方差也呈现出了较强烈的空间溢出效应。不同的是，葡萄牙对其余四国残差项的空间溢出符号为负，而对方差项的空间溢出符号为正。再看其余四国对葡萄牙残差和方差的影响，均呈现出了较弱的空间溢出效应。说明葡萄牙金融市场相对稳定，不易受到别国市场的单向溢出效应影响，并对其他国家有着较强的溢出效应。这也与表5－5得到的结论一致。这一方面说明了本章构建的转移熵空间权重矩阵充分捕捉了各国股市之间的空间效应，另一方面也说明了在欧债危机演变的过程中，希腊和葡萄牙起着至关重要的作用，二者是危机蔓延的主要输出国，需要进行严格谨慎的经济调控。

爱尔兰、意大利和西班牙三个国家，也都对除自身之外的其余四国股市的残差和方差呈现出了显著的空间溢出效应，但是除对希腊以外，对其余三国的空间波动溢出系数相对较小，影响程度稍弱。其中，爱尔兰对外的空间波动溢出效应较强些，意大利和西班牙则相差不大。再看其余各国对这三个国家的空间波动溢出效应，式（5－12）和式（5－13）显示三国受到的外部空间溢出效应都较为强烈，表明爱尔兰、意大利和西班牙较易受别国股市波动的影响，可以看出较易受到欧债危机风险的传染。

5.4 本章小结

本章以欧债危机为研究背景，将空间计量经济学理论引入到了条件方差协方差建模的应用中，利用提出的DAI空间权重矩阵构建了多元Spatial - BEKK - GARCH模型，以对跨经济体、跨市场间金融市场收益率二阶矩信息间的空间波动溢出效应以及主权信用评级下调对各国股市的冲击效应进行了研究。扩展了空间计量经济方法的应用范围。同时利用DAI空间权重矩阵对模型中的方差协方差矩阵进行了一定的结构化处理，以减少待估参数的个数。本章的主要结论如下：

（1）各国股市收益率的二阶矩信息波动率之间存在显著的空间效应。这说明在条件方差协方差模型的构建过程中，引入空间效应是必要的。同时发现相比传统空间权重矩阵，本书构建的DAI空间权重矩阵在二阶矩信息的捕捉上，依然体现出了一定程度的优势，能够更有效地捕捉股市间的空间波动溢出效应信息。说明DAI空间权重矩阵在波动率空间效应的捕捉上更具有适用性和有效性。

（2）本章对条件方差协方差矩阵采用了结构化处理方式，能够在一定程度上降低待估参数个数，缓解了多元波动率模型中的维数灾难问题。

（3）主权信用评级下调信息对股市存在一定的预警作用，而亲市场行为并不明显。

（4）欧债危机期间“欧猪五国”各国股市联系紧密，均存在显著的单向和双向空间波动溢出效应。其中，希腊和葡萄牙对其余三国的空间波动溢出效应较强，说明二者是欧债危机的输出国。但不同的是，希腊自身所受到的外来空间波动溢出效应也较强，葡萄牙则较弱，说明葡萄牙的金融市场相对比较稳定，更多的是对外产生影响，而不是受别国股市的影响。而希腊、意大利和爱尔兰的对外空间波动溢出效应较弱，同时受到的外部空间波动溢出效应较大，易受到欧债危机风险的传染。

（5）对于金融市场来说，市场行为的溢出效应主要体现为市场价格以及价格波动两方面的溢出效应。第 4 章中，本书利用 Spatial - SUR 模型，对不同金融市场的一阶矩信息，即价格的空间溢出效应和跨市场效应进行了研究，进而分析了各市场间的风险传染和投资转移现象。然而，相比价格溢出效应，价格波动，即二阶矩信息的溢出效应对于金融市场来说更具有现实指导意义。因为从本质上来说，价格溢出就是用一阶矩信息条件均值所表示的市场收益率的溢出。而二阶矩信息条件方差所表示的价格波动溢出的本质表示的是市场间风险的传递，体现了更深层次的金融市场行为的本质特征。通过对市场间空间波动溢出效应的分析，不仅可以分析市场间的联动效应，也为投资者进行投资组合选择提供了一定的方向指导。所以，本章引入了二阶矩信息的研究，不仅拓展了空间计量经济方法在金融领域的应用，也为市场监管者和市场投资者提供了一定理论依据，对于维护金融市场的稳定发展具有一定的实践意义。

总之，本章在第 4 章结合信息论和空间计量经济理论对金融市场收益率一阶矩间的空间效应研究的基础之上，将空间计量经济方法引入到条件方差协方差建模的应用中，构建了多元 Spatial - BEKK - GARCH 模型，对金融市场收益率二阶矩信息间的空间波动溢出效应进行了研究，以期扩展空间计量经济方法的应用范围。然而，金融市场作为一个复杂的非线性系统，其产生的金融数据是具有一定复杂性和冗余性的。那么如何降低金融数据的冗余性，进而提取到更有效的信息以对金融数据进行建模？第 6 章内容将对这些问题给出解答。

第6章　金融风险冲击实体经济的高阶信息空间计量模型及实证分析

近年来，时间序列复杂网络分析方法在挖掘非线性时间序列内在重要信息方面取得了显著的成果，而金融市场作为复杂的非线性动力系统，其含有大量的非线性时间序列数据，这虽然为时间序列复杂网络分析方法在金融领域的应用搭建了一座直通的桥梁，但是这些金融数据在很大程度上呈现出了一定的复杂性和冗余性。本章利用信息论和复杂网络理论，尝试提出了一种基于转移熵的有向加权时间序列复杂网络构建方法，并在此基础上构建了基于复杂网络的高阶属性信息空间计量经济模型，以能够从一定程度上降低了大量金融数据中的冗余性，从而提取到更有效的信息，以揭示金融市场的行为规律。本章以欧债危机为背景，利用高阶信息空间计量经济模型对全球金融板块对美国、欧洲和中国三大经济体金融板块间的空间传染及其冲击各经济体各实体板块的传染渠道、空间效应和行业聚集效应进行了研究。

6.1 研究思路

复杂网络自诞生以来，便被迅速广泛应用到生物、物理、医学和金融等领域，并极大促进了经济物理学的发展，使得人们对复杂的金融系统有了更深刻的认识[60]（Fiedor，2014）。从经济物理学的角度对金融市场进行研究，部分原因在于目前的研究缺乏经济行为背后的基本理论。而复杂网络能够捕捉不同金融单元间的相互依赖关系，并以此进行分类，这极大地填补了以往经济行为背后理论研究的空白，而构建复杂网络的关键问题是如何度量金融单元间的“邻接”关系。Brida 和 Risso（2010）[209]利用符号化的方法对数据进行分类，进而定义距离矩阵，并以此作为度量方法构建最小生成树（Minimal Spanning Trees，MST）和分层树结构，对德国 DAX30 指数中的主要公司的结构演变进行了研究，结果表明该方法能够准确识别出全局距离演变过程中的结构性突变。Lenzu 和 Tedeschi（2012）[210]以银行为节点，以银行间的有向信用拆借关系为边，采用择优连接的方式通过改变对邻居节点性能的信任，构建了同业银行间的时变无向加权复杂网络，对使金融系统对冲击更具弹力的网络结构和系统风险通过网络传播的过程进行了研究。发现相比随机网络，无标度网络更易受到冲击、更脆弱。Tu（2014）[211]采用 Engle – Granger 协整检验的 p 值代替传统的相关系数构建有向加权非对称复杂网络，通过研究分析度中心性（Degree Centrality）和局部聚类系数（Local Clustering Coefficient）等网络属性，对沪深 300 指数 CSI 300 中的 197 支股票对应的 10 个工业板块进行了研究，发现协整网络比相关系数网络能更好地表达数据信息。国内也有很多学者致力于复杂网络在金融领域的研究。Gao 等（2015）[212]基于线性相关系数达到最大时的时间转换，定义了一个有向无权网络，对中国上证交易所中的 779 支股票对应的 10 个工业板

块进行了分析，发现各板块间的相互影响关系是截然不同的，并识别出了三种不同的连接关系和 hub 节点公司。Stephen 等（2015）[213] 提出了一种基于 VG 的新方法，并将该方法应用于美国股票市场实证问题的分析中，其中，时间序列片段被映射到 VG，作为对应状态的描述和连续发生的状态被连接。Qian 等（2010）[214] 利用 VG 方法对世界 30 个股市指数进行了研究。

以上成果表明复杂网络技术已被广泛应用在金融领域的实证研究中，学者利用网络结构的演变、网络属性的变化以及网络的 hub 节点等从不同角度对金融市场进行研究，说明复杂网络技术在金融领域的应用已经相当成熟。但大多网络都是基于传统相关性方法如线性相关系数、Pearson's 相关系数、Kendall's 相关系数、经济距离和物理距离等构建的无向或无权网络模型，这显然与经济活动的实际特点是不符的，因为大多数真实网络中各节点之间的相互作用是存在差异性和方向性的，这些网络无法完整描述现实世界中的节点关系。虽然也有学者基于协整关系构建了有向加权网络，但却是建立在线性关系基础上的。而金融市场是一个复杂的非线性系统，在实际的行为活动中各经济单元间的相互影响又存在非对称性和方向性。所以这些传统的构建方法必然会造成部分信息的损失。为了能够有效充分地捕捉经济单元间的信息传递，本章在 Fiedor（2014）[60] 利用互信息方法构建无向加权网络的基础之上，提出基于转移熵的时间序列有向加权网络构建方法。转移熵是信息论中的概念，它是对数据间的信息传递的有向度量，有效改进了信息熵不能衡量信息传递的方向性的不足并且可以应用于非线性系统的处理，这极大地契合了金融系统中经济单元实际活动行为的特点，也符合金融市场非线性的性质。

同时随着互联网金融时代和大数据时代的到来，金融数据也随之呈井喷之势大量涌现，这些数据不再仅包括传统意义上数字形式的结构化数据，也囊括了文字、图像、视频等非结构化的数据。人们搜集整理吸收这些数据，并在金融市场上做出相应的行为。而这些行为又会进一步影响金融数据的产生。在这样的一个时代背景下，原始的金融数据必然存在冗余、无用的信息，进而造成模型估计结果的偏差。这就需要寻找一种方法对原始金融数据信息进行有效地整合提取。复杂网络技术在金融领域广泛成熟的应用给我们提供了一个很好的理论和应用基础，由以上的研究成果可知，其网络属性指标能够在一定程度上提取到原始数据的有效信息，进而反映出金融市场的内在结构特征。基于此，我们把网络属性时间序列称为原始数据的高阶信息并利用其进行建模，以期能够排除原始数据的冗余无用信息，并提取到有效信息。

另外，随着经济全球化以及自由化程度的不断加深，跨地区、跨国家、跨市场和跨行业间的空间关联性越来越强，已无法满足传统计量经济模型经济变量间相互独立的经典假设。而空间计量经济理论的提出不仅考虑了经济变量间广泛存在的空间效应，也给出了利用空间权重矩阵度量空间效应的方法。而互联网金融的快速发展，使得传统的交易方式呈现出了电子化、信息化等新的多维特征，传统基于“距离”和经济指标的空间权重矩阵可能已经无法充分有效捕捉经济单元间的空间效应。目前相关研究学者提出了很多种空间权重矩阵的构建方法，但大多是基于单元间的空间效应彼此相等的观点构建的对称空间权重矩阵。这与实际问题显然是不符的。这就需要既能够捕捉新经济形势下的空间效应，又能够体现经济变量间固有差异性的空间权重矩阵的构建方法。转移熵便具有同时满足这两种要求的特性。

综上所述，在 Baur（2012）[109] 构建的检测金融板块和实体经济板块间传染模型的基础之上，本章结合信息论和复杂网络理论，提出了一种新的基于转移熵的时变时间序列复杂网络构建方法，以基于各国主要股指收益率计算得来的转移熵为边，利用滑窗技术来构建基于转移熵的时变有向加权复杂网络，并计算特征路径长度、加权聚类系数、全局效率和局部效率 4 个网络属性高阶信息，进而可以得到 4 个主要的网络属性时间序列数据。然后分别计算各网络属性和代表全球金融板块的道琼斯金融板块收益率之间的相关性，选取相关性最大的高阶网络属性信息来代替原本作为解释变量的道琼斯金融板块收益率构建基于复杂网络的高阶属性信息空间计量经济模型，提出了一种时间序列复杂网络在金融领域研究的新视角。

以欧债危机为研究背景、各阶段为时间节点，对其在美国、欧洲和中国的金融传染渠道及金融板块和实体经济板块间的传染渠道及空间溢出效应和行业聚集效应进行研究。

本章的研究思路如图 6 – 1 所示：

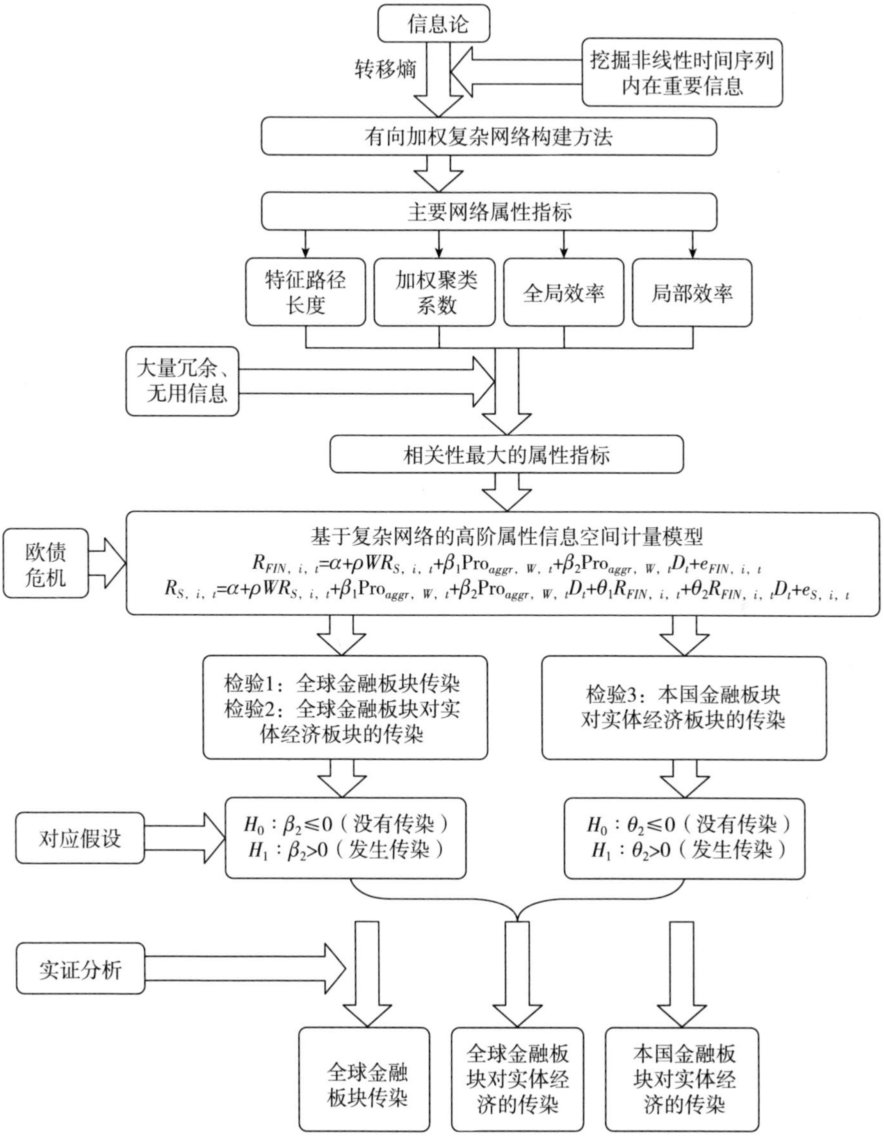

信息论

转移熵

挖掘非线性时间序列内在重要信息

有向加权复杂网络构建方法

主要网络属性指标

特征路径长度

加权聚类系数

全局效率

局部效率

大量冗余、无用信息

相关性最大的属性指标

欧债危机

基于复杂网络的高阶属性信息空间计量模型

$$R_{FIN,i,t}=\alpha+\rho WR_{S,i,t}+\beta_1 \mathrm{Pro}_{aggr,W,t}+\beta_2 \mathrm{Pro}_{aggr,W,t}D_t+e_{FIN,i,t}$$

$$R_{S,i,t}=\alpha+\rho WR_{S,i,t}+\beta_1 \mathrm{Pro}_{aggr,W,t}+\beta_2 \mathrm{Pro}_{aggr,W,t}D_t+\theta_1 R_{FIN,i,t}+\theta_2 R_{FIN,i,t}D_t+e_{S,i,t}$$

检验1：全球金融板块传染
检验2：全球金融板块对实体经济板块的传染

检验3：本国金融板块对实体经济板块的传染

对应假设

H_0：$\beta_2\leqslant 0$（没有传染）
H_1：$\beta_2>0$（发生传染）

H_0：$\theta_2\leqslant 0$（没有传染）
H_1：$\theta_2>0$（发生传染）

实证分析

全球金融板块传染

全球金融板块对实体经济的传染

本国金融板块对实体经济的传染

图 6 – 1　本章研究思路路线图

6.2 理论分析及模型构建

6.2.1 有向加权复杂网络属性

由于真实世界中节点间的相互作用是存在差异性和方向性的，所以相比于无向或无权网络，有向加权网络能够更加充分完整地描述现实系统中节点间的相互关系。常见的有向加权网络包括万维网、因特网和论文引用网等。本章基于符号化转移熵提出了一种新的有向加权非对称时间序列复杂网络构建方法，以更大程度契合金融系统活动行为的实际特点：以全球 20 个主要经济体为网络节点、各经济体重要股指数据之间的符号化转移熵为边进行构建。

本章选用以下常见的网络属性指标进行高阶属性信息的提取，其中，N 表示网络中所有节点构成的集合，n 表示节点个数。

6.2.1.1 特征路径长度（Character Path Length）

有向加权网络中从节点 i 到 j 所有可能路径中连接边权重之和最小的被称为从 i 到 j 的加权最短路径 $d_{ij}^{\rightarrow}$，其倒数 $1/d_{ij}^{\rightarrow}$ 被称为 i 到 j 的传递效率：$\zeta_{ij}^{\rightarrow}$，常用来度量信息传递速度。节点 i 到节点 j 的最短路径长度定义如下：

$$d_{ij}^{\rightarrow} = \sum_{w_{ij} \in g_{i \rightarrow j}} w_{ij} \tag{6-1}$$

其中，w_{ij} 表示节点 i 到节点 j 的权值 $g_{i \rightarrow j}$，表示从 i 到 j 的有向最短路径。

有向加权网络的特征路径长度被定义为所有有序节点对之间最短路径长度的平均值：

$$L^{\rightarrow} = \frac{1}{n} \sum_{i \in N} \frac{\sum_{j \in N, j \neq i} d_{ij}^{\rightarrow}}{n-1} \tag{6-2}$$

6.2.1.2　加权聚类系数（Clustering Coefficient）：

由于加权网络连接边的权重存在差异性，所以在计算节点之间的聚集程度时，需要考虑它们之间相关程度的影响。对于给定的节点 i，其加权聚类系数定义如下：

$$C^{w}(i)^{\rightarrow} = \frac{1}{n}\sum_{i \in N}\frac{t_i^{\rightarrow}}{(k_i^{out} + k_i^{in})(k_i^{out} + k_i^{in} - 1) - 2\sum_{j \in N} w_{ij}w_{ji}} \tag{6-3}$$

其中，$t_i^{\rightarrow}$ 表示节点 i 构成的有向三角形个数：

$$t_i^{\rightarrow} = \frac{1}{2}\sum_{j,h \in N}(w_{ij} + w_{ji})(w_{ih} + w_{hi})(w_{jh} + w_{hj}) \tag{6-4}$$

与网络特征路径长度的定义类似，网络的加权聚类系数 WC 为各节点加权聚类系数的均值：

$$WC = \frac{1}{n}\sum_{i=1}^{n} C^{w}(i)^{\rightarrow} \tag{6-5}$$

6.2.1.3　全局效率（Global Efficiency）

有向加权网络的全局效率被定义为所有有序节点对最短路径长度的倒数，即 i 到 j 的传递效率 $\zeta_{ij}^{\rightarrow}$ 的平均值：

$$E_{glo}^{\rightarrow} = \frac{1}{n}\sum_{i \in N} E_{glo,i}^{\rightarrow} = \frac{1}{n}\sum_{i \in N}\frac{\sum_{j \in N, j \neq i}(d_{ij}^{\rightarrow})^{-1}}{n-1} \tag{6-6}$$

其中，为节点 i 的全局效率。

6.2.1.4　局部效率（Local Efficiency）

在图论中，节点 i 的子图是指直接与该节点相连的所有节点所构成的图。则网络的局部效率为所有节点所构成的子图的全局效率的平均值：

$$E_{loc}^{\rightarrow} = \frac{1}{2n}\sum_{i \in N}\frac{\sum_{j,h \in N, j, j \neq i}(w_{ij} + w_{ji})(w_{ih} + w_{hi})([d_{jh}^{\rightarrow}(N_i)]^{-1} + [d_{hj}^{\rightarrow}(N_i)]^{-1})}{(k_i^{out} + k_i^{in})(k_i^{out} + k_i^{in} - 1) - 2\sum_{j \in N} w_{ij}w_{ji}} \tag{6-7}$$

其中，$d_{jh}^{\rightarrow}$（N_i），$d_{hj}^{\rightarrow}$（N_i）分别表示节点 i 所构成的子图中，节点 j 到 h 和

节点 h 到 j 的最短路径长度。

6.2.2 模型构建

随着互联网金融和大数据时代的快速发展，金融数据形式也越来越多样化，传递的信息也越来越烦琐和复杂。这必然会更易造成信息的冗余化。在本节中，我们依据第 6.2.1 节中关于复杂网络 4 个主要属性的定义，结合空间计量经济理论、信息论和复杂网络理论提出了一种利用基于网络属性的高阶信息替代原始数据进行建模的新思路，以期能够更加合理有效地提取到多样化数据中的有用信息进而提高模型的估计精度，为投资者和政策制定者提供一定的理论参考。具体的构建过程如下：

Baur（2012）在研究 2007 ~2009 年全球金融危机所造成的传染效应时，提出了如下的 GARCH（1，1）模型[109]：

$$R_{S,i,t} = \alpha + \beta_1 R_{FIN,W,t} + \beta_2 R_{FIN,W,t} D_t + e_{S,i,t} \tag{6-8-a}$$

$$\delta_t^2 = \omega + \gamma e_{S,i,t-1}^2 + \lambda \delta_{t-1}^2 \tag{6-8-b}$$

其中，$R_{S,i,t}$表示 t 时刻经济体 i 的主要综合股指、金融板块股指或者实体板块股指收益率。对应的 $R_{FIN,W,t}$表示 t 时刻全球综合股指、全球金融板块股指，也可以表示经济体 i 本身 t 时刻金融板块的股指收益率 $R_{FIN,i,t}$。D_t 为虚拟变量，当 t 处于危机期时，取值为 1；否则，取值为 0。β_1 用于度量基准期内 $R_{FIN,W,t}$ 和 $R_{FIN,i,t}$的协同运动程度，即 $R_{FIN,W,t}$ 对 $R_{FIN,i,t}$ 的溢出效应；β_2 则表示危机期内 $R_{FIN,W,t}$和 $R_{FIN,i,t}$ 协同运动程度的变化，即 $R_{FIN,W,t}$对 $R_{FIN,i,t}$溢出效应的变化。则该模型可以用来检测全球综合股指对经济体 i 综合股指、全球金融板块对经济体 i 的金融板块/实体经济板块以及经济体 i 本身的金融板块对实体经济板块共 4 种不同的金融传染渠道。

为了区分实体经济板块的传染渠道是来源于全球金融板块还是来源于本国金融板块，Baur 将模型（6 -8）进行了拓展[109]（Baur，2012），如下：

$$R_{S,i,t} = \alpha + \beta_1 R_{FIN,W,t} + \beta_2 R_{FIN,W,t} D_t + + \theta_1 R_{FIN,i,t} + \theta_2 R_{FIN,i,t} D_t + e_{S,i,t} \quad (6-9)$$

其中，$R_{FIN,i,t}$和$R_{FIN,W,t}$分别表示t时刻经济体i的金融板块股指收益率和全球金融板块股指收益率。θ_1和θ_2分别表示$R_{FIN,i,t}$对$R_{S,i,t}$平稳期的溢出效应和危机期间溢出效应的变化。

基于以上两个模型，本章利用基于转移熵构建的新的时间序列复杂网络方法对原始数据进行网络属性高阶信息的提取，以期挖掘到更有效的信息，提出利用提取到的高阶信息代替原始数据构建空间计量模型的新方法，对模型（6－8）和模型（6－9）分别进行改进，如下：

$$R_{FIN,i,t} = \alpha + \rho W R_{S,i,t} + \beta_1 \mathrm{Pro}_{aggr,W,t} + \beta_2 \mathrm{Pro}_{aggr,W,t} D_t + e_{FIN,i,t} \quad (6-10)$$

$$R_{S,i,t} = \alpha + \rho W R_{S,i,t} + \beta_1 \mathrm{Pro}_{aggr,W,t} + \beta_2 \mathrm{Pro}_{aggr,W,t} D_t + + \theta_1 R_{FIN,i,t} + \theta_2 R_{FIN,i,t} D_t + e_{S,i,t} \quad (6-11)$$

其中，ρ为空间相关性系数，其取值区间为［－1，1］。W为各经济体10大行业板块股指收益率之间的符号化转移熵构建的DAI空间权重矩阵。其具体计算过程请参见前文第2.1.3节。$\mathrm{Pro}_{FIN,W,t}$表示由全球20个主要经济体国家的金融板块构建的复杂网络中所提取到的高阶网络属性信息，用以代替原方程中的全球金融板块。ρ的绝对值越大，表示对应的正/负空间相关性越强。其余参数的意义与模型（6－8）及模型（6－9）一致。对应原方程，模型（6－10）用来检验全球金融板块对经济体i金融板块的传染效应，模型（6－11）用来检验经济体i实体经济板块S的传染渠道来自于全球金融板块还是本国金融板块。下面对这三种不同传染渠道的检验和假设进行具体说明。本章采用最大似然方法对模型进行估计。

6.2.3　模型检验与假设

本章构建的检验框架所呈现出的三种传染渠道的检验与假设如下：

检验1：（全球金融板块传染）

与平稳期相比，经济体 i 的金融板块和世界全球板块间协同运动程度在危机期呈现增加。本检验假设欧债危机是由全球金融板块危机触发的。

检验 2：（全球金融板块对实体经济板块的传染）

与平稳期相比，经济体 i 的实体经济板块与全球金融板块间的协同运动程度在危机期呈现增加。本检验同样假设欧债危机是由全球金融板块危机触发的。

检验 3：（本国金融板块对实体经济板块的传染）

与平稳期相比，经济体 i 的实体经济板块与本国金融板块间协同运动程度在危机期呈现增加。本检验假设本国金融板块受到欧债危机的传染并进一步传染到了本国的实体经济板块。

检验 1 ~ 2 的原假设与备择建设如下：

H_0：$\beta_2 \leqslant 0$（没有传染），

H_1：$\beta_2 > 0$（发生传染）。

而检验 3 的原假设与备择建设如下：

H_0：$\theta_2 \leqslant 0$（没有传染），

H_1：$\theta_2 > 0$（发生传染）。

6.3 高阶信息空间计量经济分析

6.3.1 数据选取及预处理

本章以道琼斯金融板块股指代表全球金融板块的景气程度，以美国、欧洲和中国三个经济体为对象，研究了欧债危机期间全球金融板块和美国、欧洲及中国金融板块间的金融传染及金融板块和九大实体经济板块（能源、原材料、工业、消费服务、消费品、健康医疗、信息科技、电信服务和公用事业）间的传染，及传染的空间溢出和行业聚集效应。九大实体经济板块的发展水平以当地货币计量。选取 GDP 排名前 20 个主要经济体国家对应的金融板块为节点，以 300 个有效交易日为滑动窗口构建基于时变有向加权复杂网络，进而可以得到特征路径长度、加权聚类系数、全局效率和局部效率四个主要的高阶网络属性信息时间序列数据。对特定的国家来讲，选取和其所有 10 大行业股指收益率平均相关性最大的属性代替道琼斯金融板块作为解释变量进行研究。20 个国家包括美国、中国、日本、德国、英国、印度、法国、意大利、巴西、加拿大、韩国、西班牙、澳大利亚、俄罗斯、墨西哥、印度尼西亚、荷兰、土耳其、瑞士和沙特阿拉伯。鉴于各国行业股指数据的可得性，本章选取的样本区间为 2008 年 4 月 15 日至 2014 年 12 月 31 日。以上所有数据均来源于 Wind 数据库。

根据相关文献及事件节点：2008 年 9 月 15 日雷曼公司申请破产，对希腊及整个欧洲的经济产生了极大的冲击；2009 年 12 月 16 日标普将希腊评级由 A－降为 BBB＋，评级展望为关注降级；2011 年 3 月 7 日，美国三大评级机构继续下调希腊信贷评级，金融危机恶化；2013 年 1 月 10 日欧债危机放缓并持续。本章将欧债危机划分为以下四个阶段：①2008 年 9 月 15 日至 2009 年 12 月 8 日：次贷危机末期，即欧债危机潜伏期；②2009 年 12 月 9 日至 2011 年 3 月 7 日：欧债危机全面爆发，蔓延至其他经济体国家，遭受冲击的经济体的金融市场呈现恶化；③2011 年 3 月 8 日至 2013 年 1 月 10 日：欧债危机升级，蔓延到经济体国家的实体经济；④2013 年 1 月 11 日至 2014 年 12 月 31 日：欧债危机放缓并持续。由于本章着重检验欧债危机期间各经济体国家不同的金融风险传染渠道，所以本章将蔓延和升级两个阶段，即 2009 年 12 月 9 日至 2013 年 1 月 10 日设为危机期，其余时间定为稳定期。

金融板块及实体经济板块的发展水平均以日度股指一阶对数差分所得的收益率表示。即：

$$R_t = (\ln P_t - \ln P_{t-1}) \times 100\% \tag{6-12}$$

其中，R_t 表示 t 日的收益率，P_t 和 P_{t-1} 分别表示 t 日和 $t-1$ 日的收盘价。

根据式（6－12）得到的道琼斯金融板块及三大经济体金融板块日收益率序列在危机期和整个样本期的汇总统计如表6－1所示。

表6－1　各金融板块危机期和样本期的日收益率序列基本统计特征

	美国		欧洲		中国		道琼斯金融板块	
	危机期	样本期	危机期	样本期	危机期	样本期	危机期	样本期
均值	－0.0006	－0.0002	－0.0017	－0.0003	－0.0021	－0.0003	－0.0007	0.0000
标准差	0.0170	0.0285	0.0202	0.0233	0.0151	0.0207	0.0106	0.040
偏度	－0.1765	－0.1655	－0.1070	0.2561	－0.0151	0.0291	－0.3081	－1.2032
峰度	7.0181	12.0383	4.7129	7.7224	4.6638	5.9425	5.2299	19.4975
JB统计量	509.099	4543.292	509.0988	1253.211	86.6557	481.095	167.473	15438.262

由表6－1可以看出，危机期和样本期内4种金融板块的日收益率均值均接近于零。但标准差、偏度和峰度，尤其是JB统计量均呈现出了一定的不同。

6.3.2　空间效应及行业聚集效应实证结果

本节给出了，Baur（2012）[109]提出的经济模型（6－9）和模型（6－10）以及本章提出的基于网络属性高阶信息改进的空间计量经济模型（6－11）和式（6－12）的对比估计结果，并讨论了由模型派生出的前文描述的假设的意义。本章展示的结果均是基于欧债危机期间重大的金融和经济事件而定义的危机期得到的。在对模型进行估计之前，需要计算出各网络属性和原始数据道琼斯金融板块分别与三大经济体金融板块和九大实体经济板块的相关性对比结果，以判定对于特定的经济体而言，哪个网络属性与其金融板块和非金融板块相关性的均值最大，以及是不是比原始数据及其相关性的均值大，进而选取这种网络属性进行建模。相关性对比结果如表6－2，表6－3和表6－4所示。

表 6-2　各网络属性及道琼斯金融板块与美国十大行业板块间的相关性均值对比结果

	十大行业										
	能源	原材料	工业	消费服务	消费品	健康医疗	金融	信息科技	电信服务	公用事业	均值
Length	0.436	0.611	0.438	0.481	0.498	0.600	0.481	0.658	0.523	0.617	0.534
Cluster	0.527	0.496	0.461	0.366	0.237	0.267	0.392	0.368	0.217	0.419	0.375
Global	0.568	0.669	0.632	0.673	0.466	0.501	0.468	0.702	0.483	0.728	0.589
Local	0.481	0.519	0.366	0.403	0.297	0.559	0.331	0.371	0.661	0.456	0.455
Dow	0.613	0.631	0.625	0.453	0.488	0.417	0.493	0.562	0.517	0.532	0.533

注：Length 表示特征路径长度，Cluster 表示加权聚类系数，Globa 和 Local 分别表示全局效率和局部效率，Dow 表示道琼斯金融板块股指收益率。

表 6-3　各网络属性及道琼斯金融板块与欧洲十大行业板块间的相关性均值对比结果

	十大行业										
	能源	原材料	工业	消费服务	消费品	健康医疗	金融	信息科技	电信服务	公用事业	均值
Length	0.516	0.487	0.664	0.490	0.617	0.268	0.188	0.401	0.203	0.219	0.405
Cluster	0.483	0.718	0.728	0.529	0.633	0.518	0.459	0.355	0.461	0.018	0.490
Global	0.412	0.715	0.598	0.632	0.533	0.398	0.367	0.459	0.361	0.244	0.472
Local	0.307	0.225	0.284	0.395	0.361	0.227	0.108	0.447	0.117	0.203	0.267
Dow	0.397	0.628	0.617	0.567	0.461	0.433	0.206	0.532	0.150	0.127	0.412

注：第一列所有参数的意义同表 6-2。

表 6-4　各网络属性及道琼斯金融板块与中国十大行业板块间的相关性均值对比结果

	十大行业										
	能源	原材料	工业	消费服务	消费品	健康医疗	金融	信息科技	电信服务	公用事业	均值
Length	0.267	0.235	0.221	0.207	0.178	0.129	0.291	0.174	0.158	0.176	0.204
Cluster	0.117	0.119	0.113	0.234	0.126	0.133	0.208	0.044	0.163	0.025	0.128
Global	0.041	0.037	0.051	0.073	0.066	0.057	0.043	0.022	0.062	0.032	0.048
Local	0.016	0.011	0.006	0.026	0.012	0.018	0.021	0.032	0.021	0.015	0.018
Dow	0.109	0.112	0.203	0.128	0.114	0.121	0.030	0.034	0.216	0.020	0.109

注：第一列所有参数的意义同表 6-2。

由表6－2，表6－3和表6－4可知，对于所有的经济体而言，虽然并非所有的网络属性高阶信息及其十大板块相关性的均值均比原始数据道琼斯金融板块得到的相关性均值大，但每个经济体均至少有两个网络属性大于道琼斯金融板块得到的相关性均值，说明对应的网络属性能够提取到更有效的数据信息，初步证明了本章所提出的基于网络属性的高阶信息方法的有效性。具体而言，美国、欧洲和中国得到的相关性均值最大的网络属性分别为：全局效率、加权聚类系数和特征路径长度。所以我们分别选取这三种网络属性代替道琼斯金融板块原始数据对应的经济体，并利用改进的经济模型（6－10）和模型（6－11）进行估计。

6.3.2.1 金融传染高阶信息空间度量分析

表6－5和6－6分别给出了基于传统计量经济模型（6－8）和改进的经济模型（6－10）得到的全球金融板块分别对三大经济体金融板块金融传染的对比估计结果。

表6－5 模型（6－8）得到的道琼斯金融板块对三大经济体金融板块传染的估计结果

参数	欧洲	美国	中国
β_1	0.376***	0.656***	0.253*
β_2	0.393***	0.233***	0.081**
R^2	0.48	0.53	0.55
Log Likelihood	4867.69	4321.27	2899.31
AIC	4.97	－5.67	－4.35
SC	－4.95	－5.63	－4.32
Contagion	C	C	C

注：EUR表示欧洲地区，USA表示美国，CHN表示中国。***，**，*分别表示通过1%，5%，10%显著性水平下检验。模型：$R_{S,i,t} = \alpha + \beta_1 R_{FLN,t} + \beta_2 R_{FIN,t} D_t + e_{S,i,t}$

表6-6 模型（6-10）得到的道琼斯金融板块对三大经济体金融板块传染的估计结果

参数	欧洲	美国	中国
ρ	0.573***	0.500*	0.286***
β_1	0.203***	0.212***	0.064
β_2	0.261*	0.226**	0.060***
R^2	0.53	0.67	0.56
Log Likelihood	5035.00	4299.95	3467.93
AIC	-6.16	-6.09	-5.19
SC	-6.14	-6.07	-5.17
Contagion	C	C	C

注：EUR表示欧洲地区，USA表示美国，CHN表示中国。***，**，*分别表示通过1%，5%，10%显著性水平下检验。模型：$R_{S,i,t}=\alpha+\rho WR_{S,i,t}+\beta_1 \mathrm{Pro}_{FIN,W,t}+\beta_2 \mathrm{Pro}_{FIN,W,t}D_t+e_{S,i,t}$。

表6-5和表6-6表示的是关于检验某个经济体的金融板块和全球金融板块增协同运动程度在危机期间是否增加，即假设1对应的传统模型（6-8）和改进模型（6-10）的对比估计结果。如，第6.2.3节所述，当β_2显著大于零时，表示全球金融板块和对应经济体金融板间发生了金融传染。

已知两个模型估计结果在系数上是一致的，均显示三大经济体的金融各板块均收到了道琼斯金融板块的传染。说明本章的实证结果是稳健的。但从R^2和对数似然值的结果可知，相比模型（6-8），本章构建的新模型基本上都有一定程度的增加，同时AIC和SC也都呈现出一定程度的降低，说明本章提出的基于网络属性的高阶信息构建的空间计量经济模型（6-11）的有效应和适用性。而由模型（6-10）的估计结果可知：①ρ均显著大于零，表明在欧债危机的冲击下，三大经济体的金融板块呈现出了正的空间相关性。说明空间效应的引入是必要的，同时暗示着三者中某个经济体金融板块收益率的增加或减少，则会相应导致其余二者金融板块收益率的增加或减少。而中国所呈现出的空间相关性最小，说明我国的开放性程度和国际金融市场接轨的程度不及欧洲和美国高，所以其他经济体对我国金融市场的空间溢出效应相对较小。②β_2显示美国、欧洲和中国均呈现出了协同运动的增加，说明三大经济体的金融板块均受到了全球金融板块的传染（拒绝检验1的原假设），即国际金融市场均受到了欧债危机的影响。而欧洲市场所受冲击最为严重，这可能是因为欧债危机是由欧盟国希腊的主权债务危机问题而引起的。

6.3.2.2 金融板块对实体经济风险传染的高阶信息空间度量分析

表6-7至表6-12给出的是关于假设2和假设3，检验全球金融板块和各经济体本身的金融板块对代表对应经济体实体经济的各板块是否存在传染的传统模型（6-9）和新模型（6-11）的对比估计结果。如果β_2显著大于零，则表示全球金融系统对各经济体九大实体行业对应的非金融上市公司具有直接影响，发生了传染，即欧债危机源于全球金融板块。如果θ_2显著大于零，则表示实体行业所受传染源于本国金融板块，而非全球金融板块，而本国金融板块则是受到了欧债危机冲击下全球金融系统的影响。

表6-7 模型（6-9）得到的金融板块对欧洲实体经济传染的估计结果

	β_1	β_2	θ_1	θ_2	R^2	Log Likelihood	AIC	SC	Contagion from
原材料	-0..931***	0.627*	0.531**	-0.081	0.48	998.364	-1.66	-1.63	全球
电信服务	-0.229***	0.013***	0.594**	0.544	0.48	2667.1543	-1.01	-0.97	全球
工业	0.238***	0.166*	0.411**	-0.104***	0.59	4075.71	-6.72	-6.69	全球
公用事业	0.107	0.201*	0.484***	0.123	0.42	4213.902	-6.32	-6.28	全球
信息科技	0.236***	0.401	0.592**	-0.084*	0.51	4061.16	-6.08	-6.05	
能源	0.401***	0.169*	0.575**	-0.041***	0.57	4261.80	-6.31	-6.28	全球
消费服务	0.128*	0.203***	0.411***	-0.104**	0.51	4275.71	-6.51	-6.48	全球
消费品	-2.617*	-1.391***	0.271***	-0.035***	0.33	4543.12	-6.90	-6.87	
健康医疗	-1.338	-2.627**	0.204*	-0.059	0.54	3863.53	-6.47	-6.44	

注：***，**，*表示通过1%，5%，10%显著性水平下检验。

表6-8 模型（6-11）得到的金融板块对欧洲实体经济传染的估计结果

	ρ	β_1	β_2	θ_1	θ_2	R^2	Log Likelihood	AIC	SC	Contagion from
原材料	0.218***	-1.255***	0.904**	0.832**	-0.704	0.56	1112.2.3	-6.47	-6.45	全球
电信服务	0.186***	-0.092***	0.048*	0.463***	0.022	0.59	4576.50	-6.86	-6.83	全球
工业	0.312***	0.302***	0.217***	0.552***	-0.176***	0.77	4487.98	-6.85	-6.82	全球
公用事业	0.113***	0.013	0.119**	0.477***	0.058	0.58	4346.87	-6.51	-6.48	全球
信息科技	0.127***	0.190***	0.224	0.485***	-0.204***	0.54	4091.99	-6.13	-6.10	
能源	0.225***	-0.057**	0.453***	0.606***	-0.210***	0.58	4238.53	-6.35	-6.32	全球
消费服务	0.109***	0.090***	0.125***	0.545***	-0.240***	0.61	4347.26	-6.85	-6.82	全球
消费品	0.166***	-0.050**	-0.232***	0.301***	-0.168***	0.56	4550.53	-6.82	-6.79	
健康医疗	0.203***	-0.004	-0.182***	0.208***	-0.043	0.65	4456.742	-6.68	-6.65	

注：***，**，*表示通过1%，5%，10%显著性水平下检验。

表6-9 模型（6-9）得到的金融板块对美国实体经济传染的估计结果

	β_1	β_2	θ_1	θ_2	R^2	Log Likelihood	AIC	SC	Contagion from
原材料	0.416***	0.163***	0.382***	0.107	0.51	3697.21	-5.56	-5.53	全球
电信服务	0.337***	0.234	0.182***	0.135	0.48	3897.21	-6.15	-6.11	
工业	0.291	0.317***	0.334	0.116	0.60	4236.87	-5.87	-5.85	全球
公用事业	0.401***	-1.669*	0.156***	0.203	0.36	4009.36	-4.98	-4.95	
信息科技	0.331**	-1.993*	0.213*	0.117	0.53	4229.33	-6.25	-6.23	
能源	0.227**	0.162***	0.305***	0.221	0.38	3369.11	-3.66	-3.63	全球
消费服务	0.221***	0.166***	0.366***	-0.176	0.56	4563.22	-5.68	-5.66	全球
消费品	-0.282	-0.235***	0.306***	0.153	0.49	4663.57	-6.96	-6.94	
健康医疗	0.165	-0.231***	0.301***	-1.183*	0.57	4331.21	-6.55	-6.53	

注：***，**，*表示通过1%，5%，10%显著性水平下检验。

表6-10　模型（6-11）得到的金融板块对美国实体经济传染的估计结果

	ρ	β_1	β_2	θ_1	θ_2	R^2	Log Likelihood	AIC	SC	Contagion from
原材料	0.306***	0.293***	0.071***	0.427***	0.127	0.62	4261.11	-6.38	-6.36	全球
电信服务	0.227***	0.216***	0.126	0.189***	0.151	0.59	4399.55	-6.59	-6.56	
工业	0.201***	0.166***	0.189**	0.447***	0.052	0.74	4686.10	-7.02	-6.99	全球
公用事业	0.153***	0.229***	-0.086**	0.132***	0.129	0.58	4576.93	-6.86	-6.83	
信息科技	0.118***	0.167***	-0.068***	0.297***	0.098	0.64	4485.87	-6.72	-6.69	
能源	0.167***	0.135***	0.087***	0.379***	0.092	0.53	4225.76	-6.33	-6.30	全球
消费服务	0.226***	0.103***	0.117***	0.489***	-0.001	0.70	4610.65	-6.91	-6.88	全球
消费品	0.173***	-0.004	-0.161***	0.211***	0.028	0.59	4920.13	-7.38	-7.34	
健康医疗	0.139***	0.017	-0.153***	0.277***	-0.071***	0.63	4755.28	-7.12	-7.09	

注：***，**，*表示通过1%，5%，10%显著性水平下检验。

表6-11　模型（6-9）得到的金融板块对中国实体经济传染的估计结果

	β_1	β_2	θ_1	θ_2	R^2	Log Likelihood	AIC	SC	Contagion from
原材料	-0.166	0.236***	0.512***	0.200	0.55	3769.14	-5.15	-5.13	全球
电信服务	-0.311	0.258	0.481***	0.227**	0.37	3227.19	-4.36	-4.34	本国
工业	0.121	0.036**	0.557***	0.230	0.58	3559.17	-6.35	-6.32	全球
公用事业	-0.317***	0.118	0.269***	-0.198***	0.50	4361.97	-6.57	-6.55	
信息科技	-0.366	-0.218	0.446***	0.173***	0.52	3211.37	-5.17	-5.14	本国
能源	0.253	0.231	0.539***	0.301***	0.51	4006.97	-5.81	-8.79	本国
消费服务	-0.342	0.227	0.446***	-0.271***	0.57	3631.21	-5.35	-5.31	
消费品	0.338	-0.157	0.601***	-0.279	0.41	3561.25	-5.48	-5.45	
健康医疗	-2.664	0.32	0.362***	0.115	0.39	3251.61	-4.25	-4.23	全球

注：***，**，*表示通过1%，5%，10%显著性水平下检验。

表 6－12　模型（6－11）得到的金融板块对中国实体经济传染的估计结果

	ρ	β_1	β_2	θ_1	θ_2	R^2	Log Likelihood	AIC	SC	Contagion from
原材料	0.059***	－0.020	0.064*	0.729***	0.155	0.61	3925.79	－5.88	－5.85	全球
电信服务	0.163***	－0.010	0.010	0.649***	0.046***	0.52	3686.29	－5.52	－5.49	本国
工业	0.128***	0.004	0.015***	0.708***	0.125	0.67	4199.29	－6.29	－6.26	全球
公用事业	0.215***	－0.035*	0.038	0.447***	－0.147***	0.51	4315.82	－6.46	－6.43	
信息科技	0.314***	－0.019	－0.001	0.631***	0.116***	0.61	3654.88	－5.47	－5.44	本国
能源	0.188***	0.041	0.017	0.748***	0.229***	0.62	3915.03	－5.86	－5.83	本国
消费服务	0.168***	－0.002	0.002	0.696	－0.098***	0.62	4079.33	－6.11	－6.08	
消费品	0.172***	0.022	－0.032	0.526***	－0.030	0.46	3825.53	－5.73	－5.70	
健康医疗	0.132***	－0.037	0.026	0.516***	0.026	0.54	3760.68	－5.63	－5.60	

注：***，**，*表示通过 1%，5%，10% 显著性水平下检验。

表 6－13 给出的为表 6－6 表示的金融板块间传染的估计结果及表 6－8，表 6－10 和表 6－12 表示的三大经济体实体板块遭受金融板块传染统计结果。总的来看，三个经济体的金融板块均和代替全球金融系统的道琼斯金融板块发生了传染，说明金融板块是这次欧债危机传染的重要支点。对实体经济传染而言，欧洲地区的情况最为严重，共有 6 个实体板块遭到传染，传染率高达 67%。而美国和中国分别有 4 个和 5 个实体板块遭受传染。即三大经济体共有 15 个实体板块遭受传染，总的传染率为 55.5%。下面给出表 6－8、表 6－10 和表 6－12 估计结果的具体分析：

表 6－13　金融风险传染及对实体经济板块传染的统计结果

	金融板块间的传染	全球金融板块对实体板块的传染	国内金融板块对实体板块传染	合计
美国	传染	4	0	4
欧洲	传染	6	0	6
中国	传染	2	3	5
合计	传染	12	3	15

首先，从表6-7至表6-12中可以看出，模型（6-9）和模型（6-11）各参数估计结果的系数均是一致的，说明本章得到的结果是稳健的。其次，R^2和对数似然值的结果显示，相比模型（6-9），本章构建的新模型（6-11）基本上都有一定程度的增加，同时AIC和SC也都呈现出一定程度的降低，最后，说明本章提出的基于网络属性的高阶信息构建的空间计量经济模型（6-11）的有效性和适用性。所以，本书着重分析模型（6-11）的估计结果。根据模型（6-11）的估计结果：①与模型（6-10）一样，相比传统模型（6-9），新模型（6-11）中的空间相关性系数 ρ 均是显著大于零的，说明各经济体的实体板块间也同样存在正的空间相关性。所以，在构建模型的过程中对空间效应的引入是必要的，也说明了空间效应存在的普遍性。②在12个遭受全球金融系统传染的实体板块中，被传染最广的板块为原材料（3个经济体）和工业（3个经济体），其次为能源（2个经济体）和消费服务（2个经济体）。对于电信和共用事业来讲，均是只有欧洲受到了全球金融系统的传染，而三个经济体的消费品和健康医疗行业均未受到金融传染。说明实体板块对于欧债危机的冲击呈现出了一定的行业聚集性和层次性，工业、原材料、能源和消费服务受到的传染较为严重，而电信、消费品和健康医疗所受冲击则较轻。③中国所受传染的5个板块中，只有原材料和工业的传染源于全球金融系统，剩余的能源、电信和信息科技行业的传染则是源于中国本身的金融板块。这可能是因为中国自加入WTO以来，逐步实施出口导向为主的经济政策，第一出口对象也由美国变成了欧盟市场。欧盟进口中国的主要商品为传统的原材料和机电产品，所以，欧债危机在冲击欧洲市场后，也必然会对我国的经济造成负面影响，首当其冲的便是依靠出口的原材料和工业两个行业，而国内出口行业的下跌又必然会对其上游资源能源类行业造成影响。所以，中国的能源、电信和信息科技行业所受传染应为全球金融系统先受到了欧债危机的影响，然后影响了中国本身的金融市场，之后再由其传染到这些实体行业。所以，其具体传染渠道应为：欧债危机→全球金融板块→中国金融板块→中国实体板块。而工业和原材料行业的传染渠道为：欧债危机→全球金融板块→实体板块。④从三个经济体的传染源来看，美国和欧洲发达经济体的各实体板块间发生的传染均源于全球金融系统，而作为新兴市场的中国，则有 3 个实体板块的传染是源于本国自身的金融板块。这说明，相比新兴市场的上市公司，发达经济体的实体行业对应的上市公司与全球金融系统的联系更加紧密，所以更易遭受其冲击。同时也从一定程度上说明了中国市场开放程度还相对比较有限，与国际资本市场接轨的程度较低。

6.4　本章小结

为了能够更加有效地提取金融数据的信息，本章尝试提出了一种基于转移熵的有向加权时间序列复杂网络构建方法，并结合滑窗技术构建时变网络以计算其特征路径长度、加权聚类系数、全局效率和局部效率 4 种主要的网络属性时间序列。进而通过计算各网络属性指标和全球金融板块间的相关性，选择合适的属性指标来替代原始金融数据，构建基于复杂网络的高阶属性信息空间计量经济模型。以研究欧债危机期间，全球金融板块对美国、欧洲和中国三个经济体的金融板块和实体板块间的空间传染。研究发现：

（1）在欧债危机的冲击下，全球金融板块对三个经济体金融板块的传染、全球金融板块对三个经济体实体板块的传染以及三个经济体本国的金融板块对各自实体模块的传染冲击中，均存在显著的空间效应。这就说明在模型构建的过程中引入空间效应是必要的。

（2）相比传统计量经济模型，本章基于利用转移熵所构建的有向加权时间序列复杂网络，提出的采用网络属性指标构建的高阶属性信息空间计量经济模型方法，能够在一定程度上降低金融数据的冗余性，进而更加有效地提取到数据信息，从而提高模型的估计精度，具有一定的研究价值和实际应用价值。

（3）三个经济体的金融板块均受到了全球金融系统的传染，说明金融板块是这次欧债危机传染的重要支点。同时发现，三个经济体的实体经济板块遭受的传染呈现出了一定的聚集性和层次性。另外发现，美国和欧洲所受传染的实体板块均源于全球金融系统，而中国 3 个实体板块的传染源于自身的金融板块。说明经济越发达的经济体，其实体板块对应的上市公司和全球资本市场的联系越紧密，越易受到全球金融系统的冲击。而作为新兴市场的中国，对外开放程度相对较低，其实体经济则更易受到本国金融市场的影响。

本章基于复杂网络属性构建的高阶信息空间计量经济模型在研究欧债危机期间，全球金融板块对金融市场及实体经济的空间传染过程中，表现出了一定的有效性和适用性，具有一定的理论应用前景，提出了一种复杂网络方法在金融领域研究的新思路。但随着时间序列复杂网络技术的不进步，还需要对其进行进一步的发展和完善。

第 7 章　总结与展望

7.1　总结

传统计量经济学认为样本之间都是相互独立的，这与经济金融事实明显是不相符的。而空间计量经济理论通过引入空间效应，将样本间的空间关联结构关系纳入了模型的构建中，充分考虑了样本间存在的固有空间关联，打破了传统计量经济理论的研究思路，重塑了计量经济的分析框架。经过近 40 年的发展，空间计量经济理论俨然已经成为计量经济学的一个主流学科。而随着全球金融自由化程度的不断加深，以及互联网金融和计算机技术的不断发展，全球金融市场在各地区之间、各经济体之间、各市场之间、各行业之间的关联越来越紧密的同时，金融市场收益率一阶矩与二阶矩信息间的空间相关性和空间异质性也越来越突出。更加需要注意的是，随着金融市场过度虚拟化进程的不断加深，使得作为金融市场基础的实体经济，也和金融市场之间呈现出越来越强的空间交互影响。这些新的现象在给全球金融市场增加不确定性的同时，也增加了金融风险的传播范围和传染渠道及对金融风险冲击实体经济的可能。那么如何捕捉这种空间交互效应，构建空间计量经济模型，进而客观分析金融风险传染的路径和机制，对市场投资者和政策制定者而言都有着重要的意义。

当前空间经济方法所面临的一个核心问题为空间权重矩阵的构建。而随着传统交易方式电子化、信息化的发展，金融数据也呈现出了多维混合有向非对称的新特征。这使得传统空间权重矩阵中基于对称思想，以经济距离、物理距离等为指标的构建方法不再适用及有效地分析，即无法有效测度当前多维混合有向非对称金融数据间的空间效应。同时，近年全球金融事件不断爆发，2016 年的三大黑天鹅事件更是给世界经济平添了恐慌。那么，如何构建合适的空间权重矩阵，进而利用空间计量经济模型对金融风险在金融市场和实体经济间的溢出路径和机制进行有效地分析，以防范金融风险的发生，尽可能地维护金融市场的稳定，是当前业内外学者关注的重要问题之一。基于此，针对空间经济理论中如何客观合理设定空间权重矩阵的核心问题，本书结合信息论、空间计量经济理论和复杂网络理论，将基于符号化转移熵的两个经济单元间的非线性有向非对称信息转移权值引入传统计量经济模型，以构建符号化转移熵 DAI 经济信息度量模型，并依据此模型对金融市场间的相互关联进行研究，以验证模型的有效性。在验证模型有效性的基础之上，本书进一步构建多元 Spatial - SUR 模型、多元Spatial - BEKK - GARCH 模型以及基于复杂网络属性高阶信息的空间计量经济模型，以对金融风险在金融市场和实体经济间的多维混合非对称空间溢出机制和传播渠道进行研究，深入挖掘其内在空间联系和传染机理，以期为市场投资者、政策制定者、金融专家和相关学者提供一定的理论参考和实践指导。目前，对本书的主要研究内容做如下总结：

首先，利用转移熵方法捕捉信息的优势，将基于符号化转移熵方法得到的两个经济单元间的非线性、有向非对称信息权值引入到传统计量 GARCH 中，以对金融风险传染经典 GARCH 模型进行改进，进而构建时变符号化转移熵 GARCH

模型，即DAI经济信息度量模型。对英国脱欧背景下全球九大主要经济体的股票市场和债券市场之间的相关关系进行研究，分析金融事件期间两个金融市场间的风险传染和投资转移现象，并与传统GARCH模型的估计结果进行对比。结果表明，改进后的GARCH模型的估计精度得到了一定程度的提高，说明引入了转移熵信息权值的计量模型能够在一定程度上更加精确地捕捉金融数据间的信息，更好拟合数据。同时，发现在英国脱欧公投的影响下，全球九大主要经济体的股票市场和债券市场间均发生了安全性投资转移现象。这在一定程度上揭示了国债市场安全性的特点。也说明投资转移能够从一定程度上降低投资者的风险损失，进而增加市场弹性和稳定性。所以，转移熵方法在实际问题的应用中具有一定的潜在价值，值得进一步研究。

其次，结合信息论和空间计量经济理论，将转移熵方法引入的两个经济单元的信息权值扩展为多个经济单元，对空间计量理论中传统对称空间权重矩阵的构建方式进行改进。构建DAI空间权重矩阵，以提高金融风险传染空间效应的捕捉能力。这样的构建方式不仅考虑经济单元间的空间交互影响所呈现出的多维、混合和非对称的特点，也考虑到了经济单元间存在的相互影响的差异性。从构建指标和信息方向两个方面同时改进了传统空间权重矩阵的构建方式，扩大了转移熵的应用范围。基于此构建面板Spatial－SUR模型，以期提高金融风险传染空间效应的挖掘捕捉能力。本部分以2016年英国脱欧和特朗普当选美国总统两大黑天鹅事件为研究背景，对其冲击我国金融市场的空间跨市场效应和各金融子市场收益率一阶矩信息的空间效应进行研究，并对其动态演变过程进行分析。结果表明，一方面，我国金融子市场收益率一阶矩之间存在显著的空间溢出效应。且与传统空间计量模型相比，基于新矩阵的模型的估计精度得到了一定程度的提高。尤其是通过对动态空间效应的研究，发现在经典模型空间效应不显著的情况下，就无法用经典模型进行空间效应分析。改进的Spatial－SUR模型则能够捕捉到更多的信息，存在显著的空间效应。另一方面，发现在黑天鹅事件的冲击下，我国股票市场和债券市场间发生了跨市场投资转移现象，股票市场和商品期货市场之间发生了跨市场风险传染现象。所以相关政策制定者需要从宏观层面整体把握局面，及时有效地制定政策，以维护我国金融市场的稳定。实证结果充分验证了本书基于转移熵构建的 DAI 空间权重矩阵的有效性和适用性。体现了改进后模型的优势，扩展了转移熵方法的应用范围。

再次，针对一阶矩 DAI 金融风险传染 Spatial - SUR 计量模型无法分析二阶矩信息的相关问题，本书将空间计量经济方法引入条件方差协方差建模的应用中，以对传统多元波动率模型进行改进，同时对其方差协方差矩阵采用一定的结构化处理方法，以期缓解多元波动率模型中常见的维度灾难问题。本书利用 DAI 空间权重矩，构建二阶矩 DAI 金融风险传染多元 Spatial - BEKK - GARCH 模型。本书基于此模型，对欧洲主权信用评级下调对“欧猪五国”股市间的冲击效应及其冲击下各国股市收益率二阶矩信息的空间波动溢出效应进行了研究。结果表明，与传统对称矩阵相比，基于 DAI 空间权重矩阵构建的模型捕捉到更多的信息，模型的估计精度进一步提高，并能分析各股市波动率间的金融风险传染空间效应。也表明本书结合空间计量经济理论对方差协方差矩阵采用的结构化处理方法能够有效缓解多元波动率模型中常见的维度灾难问题。同时，发现主权信用评级下调信息对股市存在一定的预警作用，而亲市场行为并不明显。另外，发现欧债危机期间“欧猪五国”各国股市间的空间联系十分紧密，均存在显著的单向和双向空间波动溢出效应。尤其是希腊和葡萄牙对其余国家空间波动溢出效应更强。说明二者在一定程度上为欧债危机输出国。提出了一种空间计量经济方法在金融领域应用的新视角，扩展了空间计量经济理论的应用范围。

最后，考虑到当前交易方式电子化、信息化的发展，以及互联网平台和社交网络平台的迅速崛起，为我们提供了大量的数据和信息。为了降低数据的冗余性，进而充分利用信息，本书在第 6 章中利用信息论和复杂网络理论，提出了一种有向加权时间序列复杂网络构建方法，并提取其主要网络属性。而后结合空间计量经济学的优势，构建基于网络属性指标的高阶信息空间计量模型，分析金融风险传染的空间效应。以欧债危机为背景，对跨经济体间的金融传染、跨行业间的金融风险传染空间效应以及金融市场冲击实体经济的传染渠道与机制进行研究，提出了一种复杂网络方法在金融领域研究的新视角。本书在建模的过程中选用合适的网络属性指标替代原始金融数据构建模型进行参数估计，进而对实证结果进行分析。结果发现，新模型在大量的数据中能够分析金融风险传染的特征。且与经典计量经济模型相比，本书构建的高阶信息空间计量模型的估计精度在一定程度上得到了提高。同时，发现在欧债危机的冲击下，三个经济体的金融板块均受到了全球金融系统的传染，说明金融板块是这次欧债危机传染的重要支点。而三个经济体的实体经济板块遭受的传染呈现出了一定的聚集性和层次性。另外，发现美国和欧洲所受传染的实体板块均源于全球金融系统，而中国则有 3 个实体板块的传染源于自身的金融板块，这为复杂网络方法在金融领域实证问题的研究提供了一种新的研究视角。

7.2 展望

虽然空间计量经济理论已经有将近 40 年的发展历史，但是目前国内外对于空间计量经济方法在金融领域应用的研究成果还较少，很多相关方面的理论还不够成熟，没有形成一个比较完善的体系。尽管本书结合信息论、复杂网络理论新构建的有向非对称信息转移经济空间理论在金融市场实际问题的研究中，表现出了一定的有效性和适用性，拓展了空间计量经济理论在金融领域的研究思路，但是仍然存在一些不足之处，需要进一步完善。可从以下几个方面进行拓展研究：

（1）空间计量经济方法在非线性计量经济模型中的应用。本书目前采用的是基于信息论中的转移熵方法建立的DAI空间权重矩阵与传统线性经济模型相结合进而构建空间计量经济模型的方法，并将其应用在金融市场实证问题的研究中。然而，金融市场是一个复杂的非线性系统，现实中的经济变量间也大多是非线性关系，所以，未来将本书构建的空间计量经济理论与非线性模型进行结合，以对金融领域中的实际问题进行研究，是一个值得研究的方向。

（2）时变空间权重矩阵的构建。目前本书采用的是基于符号化转移熵构建的常数空间权重矩阵，而一般来讲经济单元间的空间关联结构会随着时间的演变发生改变。所以，为了动态地捕捉经济单元间的空间关联结构，依据一定的指标参数构建合适的时变空间权重矩阵将是空间计量经济方法的一个发展趋势，值得我们进行进一步的深入研究。

（3）多尺度转移熵与空间计量经济模型的结合。本书在计算转移熵的计算过程中，采用的是单时间尺度的方法。而对于金融系统来说，采用多尺度的计算方法或许能够捕捉到更多的信息，目前这种计算方法在生物、物理等领域都取得了一定的研究成果。而其在金融领域的应用还有待开发。所以在将来的研究中，利用多尺度转移熵的方法对金融领域中的实际问题进行研究，具有一定的实际应用价值。

参考文献

［1］韦艳华，张世英，郭焱．金融市场相关程度与相关模式的研究［J］．系统工程学报，2004，19（4）：355－362.

［2］谢赤，余聪，罗长青，等．基于 MRS Copula－GJR－Skewed－t 模型的股指期货套期保值研究［J］．系统工程学报，2013，28（1）：83－93.

［3］G. Fernández. Spatial modeling of stock market comovements［J］. Finance Research Letters，2012，9（4）：202－212.

［4］H. Asgharian，W. Hess，L. Liu. A spatial analysis of international stock market linkages［J］. Journal of Banking & Finance，2011，37（12）：4738－4754.

［5］F. Durante，E. Foscolo，P. Jaworski，et al. A spatial contagion measure for financial time series［J］. Expert Systems with Applications，2014，41（8）：4023－4034.

［6］P. S. Tam. A spatial－temporal analysis of East Asian equity market linkages［J］. Journal of Comparative Economics，2014，42（2）：304－327.

［7］G. D. Abate. On the link between volatility and growth：A spatial econometrics approach［J］. Spatial Economic Analysis，2015，11：1－19.

［8］Cavaglia Stefano，Brightman Christopher，Aked Michael. The increasing importance of industry factors [J]. Financial Analysts Journal, 2000, 56 (5): 41 -54.

[9] K. Phylaktis, L. Xia. Sources of firms' industry and country effects in emerging markets [J]. Journal of International Money & Finance, 2006, 25 (3): 459 -475.

[10] Grote M H. Financial centers between centralization and virtualization [M]. Springer US, 2009.

[11] 白钦先，谭庆华. 金融虚拟化与金融共谋共犯结构——对美国次贷危机的深层反思 [J]. 东岳论丛，2010，31 (4): 35 -41.

[12] 于晓非，赵蔚. 再论美国次贷危机的深层原因——从金融虚拟化适度性的视角考察 [J]. 时代金融，2012，(12): 234 -235.

[13] J. Paelinck. Spatial econometrics [J]. Economics Letters, 1979, 1 (1): 59 -63.

[14] Anselin L. Spatial econometrics: Methods and models [M]. Springer Science & Business Media, 1988.

[15] T. C. Mills, K. Patterson. Palgrave handbook of econometrics [M]. Palgrave Macmillan, 2006.

[16] R. Ramos. Advances in spatial econometrics, methodology, tools and applications [J]. Investigaciones Regionales, 2005, 45 (6): 866 -870.

[17] 李卫兵，王彦淇. 中国区域智力资本的测度及其空间溢出效应研究 [J]. 华中科技大学学报（社会科学版），2018 (1).

[18] 苏屹，林周周. 区域创新活动的空间效应及影响因素研究 [J]. 数量经济技术经济研究，2017 (11): 63 -80.

[19] 程棵，陆凤彬，杨晓光. 次贷危机传染渠道的空间计量 [J]. 系统工程理论与实践，2012，32 (3): 483 -494.

[20] 李立，田益祥，张高勋，等. 空间权重矩阵构造及经济空间引力效应分析——以欧债危机为背景的实证检验 [J]. 系统工程理论与实践，2015，35

(8): 1918 - 1927.

[21] P. Paruolo. Proximity - structured multivariate volatility models [J]. Social Science Electronic Publishing, 2008, 34 (91): 559 - 593.

[22] M. Arnold, S. Stahlberg, D. Wied. Modeling different kinds of spatial dependence in stock returns [J]. Empirical Economics, 2013, 44 (2): 761 - 774.

[23] H. Asgharian, W. Hess, L. Liu. A spatial analysis of international stock market linkages [J]. Journal of Banking & Finance, 2013, 37 (12): 4738 - 4754.

[24] Y. Weng, P. Gong. Modeling spatial and temporal dependencies among global stock markets [J]. Expert Systems with Applications, 2016, 43 (C): 175 - 185.

[25] R. Marschinski, H. Kantz. Analysing the information flow between financial time series [J]. The European Physical Journal B - Condensed Matter and Complex Systems, 2002, 30 (2): 275 - 281.

[26] S. K. Baek, W. S. Jung, O. Kwon, et al. Transfer entropy analysis of the stock market [J]. Physics, 2005 (5): 10 - 12.

[27] O. Kwon, J. S. Yang. Information flow between composite stock index and individual stocks [J]. Physica A Statistical Mechanics & Its Applications, 2007, 387 (12): 2851 - 2856.

[28] F. J. Peter, T. Dimpfl. Using transfer entropy to measure information flows between financial markets [J]. Social Science Electronic Publishing, 2010, 17 (1).

[29] J. Borge - Holthoefer, N. Perra, B. Gonçalves, et al. The dynamics of information - driven coordination phenomena: A transfer entropy analysis [J]. Science Advances, 2015, 2 (4).

[30] Z. K. Gao, M. Small, J. Kurths. Complex network analysis of time series [J]. Epl, 2016, 116 (5): 50001.

[31] C. S. Daw, C. E. Finney, M. Vasudevan, et al. Self - organization and cha-

os in a fluidized bed [J] . Physical Review Letters, 2015, 75 (12): 2308 -2311.

[32] C. K. Peng, S. V. Buldyrev, S. Havlin, et al. Mosaic organization of DNA nucleotides [J] . Physical Review E Statistical Physics Plasmas Fluids & Related Interdisciplinary Topics, 1994, 49 (2): 1685.

[33] B. Podobnik, H. E. Stanley. Detrended cross - correlation analysis: A new method for analyzing two non - stationary time series [J] . Physical Review Letters, 2008, 100 (8) .

[34] N. Marwan, M. C. Romano, M. Thiel, et al. Recurrence plots for the analysis of complex systems [J] . Physics Reports, 2007, 438 (5): 237 -329.

[35] A. Lempel, J. Ziv. On the complexity of finite sequences [J] . IEEE Transactions on Information Theory, 1976, 22 (1): 75 -81.

[36] M. Costa, A. L. Goldberger, C. K. Peng. Multiscale entropy analysis of complex physiologic time series [J] . Physical Review Letters, 2002, 89 (6) .

[37] S. Boccaletti, G. Bianconi, R. Criado, et al. The structure and dynamics of multilayer networks [J] . Physics Reports, 2014, 544 (1): 1 -122.

[38] S. Boccaletti, V. Latora, Y. Moreno, et al. Complex networks: Structure and dynamics [J] . Physics Reports, 2006, 424 (4): 175 -308.

[39] N. Boers, B. Bookhagen, H. M. Barbosa, et al. Prediction of extreme floods in the eastern central andes based on a complex networks approach [J] . Nature Communications, 2014, 5: 5199.

[40] A. K. Charakopoulos, T. E. Karakasidis, P. N. Papanicolaou, et al. The application of complex network time series analysis in turbulent heated jets [J]. Chaos, 2014, 24 (2) .

[41] M. Chavez, M. Valencia, V. Navarro, et al. Functional modularity of background activities in normal and epileptic brain networks [J] . Physical Review Letters,

2010, 104 (11): 118701.

[42] M. Costa, A. L. Goldberger, C. K. Peng. Multiscale entropy analysis of complex physiologic time series [J] . Physical Review Letters, 2007, 89 (6): 068102.

[43] J. I. Deza, M. Barreiro, C. Masoller. Inferring interdependencies in climate networks constructed at inter – annual, intra – season and longer time scales [J]. European Physical Journal Special Topics, 2013, 222 (2): 511 –523.

[44] J. F. Donges, R. V. Donner, K. Rehfeld, et al. Identification of dynamical transitions in marine palaeoclimate records by recurrence network analysis [J]. Nonlinear Processes in Geophysics, 2011, 18 (5): 545 –562.

[45] J. F. Donges, Y. Zou, N. Marwan, et al. The backbone of the climate network [C] . EGU General Assembly Conference, 2009.

[46] J. F. Donges, J. Heitzig, R. V. Donner, et al. Analytical framework for recurrence network analysis of time series [J] . Phys Rev E Stat Nonlin Soft Matter Phys, 2012, 85 (2): 046105.

[47] R. V. Donner, Y. Zou, J. F. Donges, et al. Recurrence networks – A novel paradigm for nonlinear time series analysis [J] . New Journal of Physics, 2009, 12 (3): 129 –132.

[48] S. N. Dorogovtsev, A. V. Goltsev, J. F. F. Mendes. Critical phenomena in complex networks [J] . Rev. mod. phys, 2007, 80 (4): 1275 –1335.

[49] J. H. Feldhoff, R. V. Donner, J. F. Donges, et al. Geometric detection of coupling directions by means of inter – system recurrence networks [J] . Physics Letters A, 2012, 376 (46): 3504 –3513.

[50] S. Fortunato. Community detection in graphs [J] . Physics Reports, 2009, 486 (3): 75 –174.

[51] J. Gao, B. Barzel, A. L. Barabási. Universal resilience patterns in complex

networks [J] . Nature, 2016, 530 (7590): 307.

[52] J. Gao, S. V. Buldyrev, H. E. Stanley, et al. Networks formed from interdependent networks [J] . Nature Physics, 2012, 8 (1): 40 – 48.

[53] Z. K. Gao, Q. Cai, Y. X. Yang, et al. Multiscale limited penetrable horizontal visibility graph for analyzing nonlinear time series [J] . Nature, 2016, 6: 35622.

[54] Z. K. Gao, M. Du, L. D. Hu, et al. Visibility graphs from experimental three – phase flow for characterizing dynamic flow behavior [J] . International Journal of Modern Physics C, 2012, 23 (10): 1250069.

[55] J. Zhang, M. Small. Complex network from pseudoperiodic time series: topology versus dynamics [J] . Physical Review Letters, 2006, 96 (23): 238701.

[56] X. Xu, J. Zhang, M. Small. Superfamily Phenomena and motifs of networks induced from time series [J] . Proceedings of the National Academy of Sciences of the United States of America, 2008, 105 (50): 19601 – 19605.

[57] Y. Yang, H. Yang. Complex network – based time series analysis [J]. Physica a Statistical Mechanics & Its Applications, 2008, 387 (5 – 6): 1381 – 1386.

[58] Z. K. Gao, X. W. Zhang, N. D. Jin, et al. Recurrence networks from multivariate signals for uncovering dynamic transitions of horizontal oil – water stratified flows [J] . Research Gate, 2013, 103 (50004): 1.

[59] F. Pozzi, T. D. Matteo, T. Aste. Exponential smoothing weighted correlations [J] . European Physical Journal B, 2012, 85 (6): 175.

[60] P. Fiedor. Networks in financial markets based on the mutual information rate [J] . Physical Review E Statistical Nonlinear & Soft Matter Physics, 2014, 89 (5): 052801.

[61] G. G. Ha, J. W. Lee, A. Nobi. Threshold network of a financial market u-

sing the P – value of correlation coefficients [J] . Journal of the Korean Physical Society, 2015, 66 (12): 1802 – 1808.

[62] E. Zhuang, M. Small, G. Feng. Time series analysis of the developed financial markets' integration using visibility graphs [J] . Physica A Statistical Mechanics & Its Applications, 2014, 410: 483 – 495.

[63] B. H. Baltagi. Econometric Analysis of Panel Data [M] . John Wiley, 2001.

[64] J. P. Elhorst. Specification and Estimation of Spatial Panel Data Models [J]. International Regional Science Review, 2003, 26 (3): 244 – 268.

[65] W. R. Tobler. A Computer Movie Simulating Urban Growth in the Detroit Region [J] . Economic Geography, 1970 (46): 234 – 240.

[66] G. Matheron. Principles of geostatistics [J] . Economic Geology, 1963, 58 (8): 1246 – 1266.

[67] Paelinck, P. Jeanh. Spatial econometrics [M] . Saxon House, 1979.

[68] C. P. A. Bartels, R. H. Ketellapper. Exploratory and explanatory statistical analysis of spatial data [M] . Springer Netherlands, 1979.

[69] R. J. Bennett. Spatial Time Series [M] . Pion Ltd London, 1979.

[70] L. Hordijk. Problems in estimating econometric relations in space [J]. Papers in Regional Science, 1979, 42 (1): 99 – 115.

[71] D. A. Griffith. Spatial Econometrics: Methods and models [J] . Economic Geography, 1988, 65 (2): 160 – 162.

[72] L. Anselin. Thirty years of spatial econometrics [J] . Papers in Regional Science, 2010, 89 (1): 3 – 25.

[73] L. Anselin. Spatial dependence and spatial structural instability in applied regression analysis [J] . Journal of Regional Science, 1990, 30 (2): 185 – 207.

[74] E. Casetti. The expansion method, mathematical modeling, and spatial econ-

ometrics ［J］. International Regional Science Review，2014，20（1－2）：9－33.

［75］D. P. Mcmillen. Geographically weighted regression：The analysis of spatially varying relationships ［J］. American Journal of Agricultural Economics，2002，86（2）：554－556.

［76］A. E. Gelfand，H. J. Kim，C. F. Sirmans，et al. Spatial modeling with spatially varying coefficient processes ［J］. Publications of the American Statistical Association，2003，98（462）：387－396.

［77］L. Anselin，O. Smirnov. Efficient algorithms for constructing proper higher order spatial lag operators ［J］. Journal of Regional Science，1996，36（1）：67－89.

［78］J. Tinbergen，H. Leibenstein. Shaping the World Economy：Suggestions for an International Economic Policy ［J］. Revue économique，1965，16（123）：327.

［79］S. H. Vega. On spatial econometric models，spillover effects and W ［J］. J Paul Elhorst，2013.

［80］W. R. Tobler. A Computer Movie Simulating Urban Growth in the Detroit Region ［C］. Ecnomic Geography，1970（46）：234－240.

［81］李立，田益祥，牟胜东，等. 广义多维空间效应下的金融冲击路径动态演变机制［J］. 系统工程，2017，（4）：56－64.

［82］李立，田益祥，张弘磊. 考虑广义多维空间效应的 S－VaR 测算［J］. 系统工程理论与实践，2015，35（12）：3008－3016.

［83］M. Billio，M. Caporin，L. Frattarolo，et al. Networks in risk spillovers：A multivariate GARCH perspective ［J］. Social Science Electronic Publishing，2016.

［84］P. Paruolo. Proximity－structured multivariate volatility models ［J］. Social Science Electronic Publishing，2009，34（91）：559－593.

［85］顾凡及，梁培基. 神经信息处理［M］. 北京工业大学出版社，2007.

［86］叶中行. 信息论基础（第2版）［M］. 高等教育出版社，2007.

[87] 朱冰莲，方敏．数字信号处理（第2版）[M]．电子工业出版社，2014.

[88] T. Schreiber. Measuring information transfer [J]. Physical Review Letters, 2000, 85 (2): 461.

[89] W. Shi, P. Shang. Cross - sample entropy statistic as a measure of synchronism and cross - correlation of stock markets [J]. Nonlinear Dynamics, 2013, 71 (3): 539 - 554.

[90] J. Li, C. Liang, X. Zhu, et al. Risk contagion in Chinese banking industry: A transfer entropy - based analysis [J]. Entropy, 2013, 15 (12): 5549 - 5564.

[91] C. Liang, X. Zhu, Y. Yao, et al. Contagion in Chinese banking system: A comparison of maximum entropy method and transfer entropy method [C]. Seventh International Joint Conference on Computational Sciences and Optimization, 2014, 474 - 478.

[92] M. Staniek, K. Lehnertz. Symbolic transfer entropy [J]. Physical Review Letters, 2008, 100 (15): 158101.

[93] 吴莎，李锦，张明丽，等．基于改进的符号转移熵的心脑电信号耦合研究[J]．物理学报，2013，62（23）.

[94] X. L. Huang, S. Z. Cui, X. B. Ning, et al. Multiscale base - scale entropy analysis of heart rate variability [J]. Acta Physica Sinica, 2009, 58 (12): 8160 - 8165.

[95] D. J. Watts, S. H. Strogatz. Collective dynamics of "small - world" networks [J]. Nature, 1998, 393 (6684): 440.

[96] A. L. B. Si, R. Albert. Emergence of scaling in random networks [J]. Science, 1999, 286 (5439): 509 - 512.

[97] R. Albert, A. Barabási. Statistical mechanics of complex networks [J].

Review of Modern Physics, 2002, 74 (1) .

[98] R. Parshani, H. E. Stanley. Critical effect of dependency groups on the function of networks [J] . Proceedings of the National Academy of Sciences of the United States of America, 2011, 108 (3): 1007 - 1010.

[99] M. Rubinov, O. Sporns. Complex network measures of brain connectivity: uses and interpretations [J] . Neuroimage, 2010, 52 (3): 1059 - 1069.

[100] X. Hao, H. An, H. Qi, et al. Evolution of the exergy flow network embodied in the global fossil energy trade: Based on complex network [J] . Applied Energy, 2016, 162: 1515 - 1522.

[101] X. R. Zhou, X. S. Luo. Coherence resonance in neural networks with small - world connections [J] . Acta Physica Sinica, 2008, 57 (5): 2849 - 2853.

[102] L. Lacasa, R. Toral. Description of stochastic and chaotic series using visibility graphs [J] . Physical Review E Statistical Nonlinear & Soft Matter Physics, 2010, 82 (2): 036120.

[103] J. F. Donges, R. V. Donner, J. Kurths. Testing time series irreversibility using complex network methods [J] . Epl, 2012, 102 (1): 381 - 392.

[104] X. Huang, H. An, X. Gao, et al. Multiresolution transmission of the correlation modes between bivariate time series based on complex network theory [J]. Physica A Statistical Mechanics & Its Applications, 2015, 428: 493 - 506.

[105] L. Andrei, M. Charles, H. Richard. Thaler. Investor sentiment and the Closed - end fund puzzle [J] . The journal of finance, 1991, 46 (1): 75 - 109.

[106] A. C. Worthington, H. Higgs. Transmission of prices and volatility in the Australian electricity spot markets [J] . Modelling Prices in Competitive Electricity Markets, 2004.

[107] D. G. Baur, B. M. Lucey. Flights and contagion: An empirical analysis of

stock - bond correlations [J]. Journal of Financial Stability, 2009, 5 (4): 339 - 352.

[108] G. L. Gannon. Simultaneous volatility transmission and spillover effects [J]. Review of Pacific Basin Financial Markets & Policies, 2010, 13 (1).

[109] D. G. Baur. Financial contagion and the real economy [J]. Journal of Banking & Finance, 2012, 36 (10): 2680 - 2692.

[110] 靳飞，田益祥，谭地军．股票之间的风险传染和投资转移 [J]．系统工程，2009，(7)：14 - 21.

[111] 罗明华．我国宏观经济政策冲击下的跨市场效应研究 [D]．电子科技大学，2012.

[112] 田益祥，陆留存，李成刚，等．主权信用评级变动对股票、债券和信贷市场的冲击比较——基于国际面板数据动态模型的实证检验 [J]．投资研究，2013，(4)：72 - 80.

[113] 张高勋，田益祥，李秋敏．基于 Pair Copula 模型的资产组合 VaR 比较研究 [J]．系统管理学报，2013，22 (2)：223 - 231.

[114] 蒋志平，田益祥，杜学锋．中国与欧美金融市场间传染效应的动态演变——基于欧债危机与次贷危机的比较分析 [J]．管理评论，2014，26 (8)：63 - 73.

[115] B. Candelon. Liberalisation and stock market co - movement between emerging economies [J]. Cesifo Working Paper, 2007, 11 (2): 299 - 312.

[116] S. Eckel, G. Löffler, A. Maurer, et al. Measuring the effects of geographical distance on stock market correlation [J]. Sfb Discussion Papers, 2011, 18 (2): 237 - 247.

[117] T. J. Flavin, M. J. Hurley, F. Rousseau. Explaining stock market correlation: A gravity model approach [J]. Manchester School, 2002, 70 (S1): 87 - 106.

[118] O. V. Frexedas. Financial contagion between economies: An exploratory

spatial analysis [J]. Estudios De Economía Aplicada, 2005, 23 (1): 151 - 166.

[119] S. Wälti. Stock market synchronization and monetary integration [J]. Journal of International Money & Finance, 2011, 30 (1): 96 - 110.

[120] V. Fernandez. Spatial linkages in international financial markets [J]. Quantitative Finance, 2011, 11 (2): 237 - 245.

[121] S. French, A. Leyshon, N. Thrift. A very geographical crisis: the making and breaking of the 2007 - 2008 financial crisis [J]. Social Science Electronic Publishing, 2009, 2 (2): 287 - 302.

[122] Zhu Manling, Hui Xiaofeng. Based on spatial analysis to study transmission from Chinese stock market to others [EB/OL]. [2010 - 04 - 29]. http://www.paper.edu.cn/releasepaper/content/201004 - 1064.

[123] 张嘉为，陈曦，汪寿阳. 新的空间权重矩阵及其在中国省域对外贸易中的应用 [J]. 系统工程理论与实践，2009，29 (11): 84 - 92.

[124] C. E. Shannon, W. Weaver. The mathematical theory of information [J]. Mathematical Gazette, 1949, 97 (333): 170 - 180.

[125] A. N. Kolmogorov. Information theory and the theory of algorithms [M]. Kluwer Academic, 1993.

[126] P. Billingsley. Ergodic theory and information [J]. Journal of the Royal Statistical Society, 1999, 129 (3).

[127] F. Toriumi, K. Komura. Investment index construction from information propagation based on transfer entropy [J]. Computational Economics, 2018, 51 (1): 1 - 14.

[128] X. Mao, P. Shang. Transfer entropy between multivariate time series [J]. Communications in Nonlinear Science & Numerical Simulation, 2017, 47: 338 - 347.

[129] Y. Teng, P. Shang. Transfer entropy coefficient: Quantifying level of infor-

mation flow between financial time series [J]. Physica A Statistical Mechanics & Its Applications, 2017, 469: 60 –70.

[130] 任德孝，刘清杰. 中国地区间不对称税收竞争信号效应研究——基于 Shannon 转移熵的经验证据 [J]. 现代财经（天津财经大学学报），2017（5）：36 –45.

[131] R. N. Mantegna, H. E. Stanley. An introduction to econophysics: correlations and complexity in finance [M]. Cambridge University Press, 1999.

[132] M. Boss, H. Elsinger, M. Summer, et al. Network topology of the interbank market [J]. Quantitative Finance, 2004, 4 (6): 677 –684.

[133] A. Namaki, A. H. Shirazi, R. Raei, et al. Network analysis of a financial market based on genuine correlation and threshold method [J]. Physica A Statistical Mechanics & Its Applications, 2011, 390 (21 –22): 3835 –3841.

[134] S. Markose, S. Giansante, A. R. Shaghaghi. "Too interconnected to fail" financial network of US CDS market: Topological fragility and systemic risk [J]. Journal of Economic Behavior & Organization, 2012, 83 (3): 627 –646.

[135] A. Nobi, S. E. Maeng, G. G. Ha, et al. Structural changes in the minimal spanning tree and the hierarchical network in the Korean stock market around the global financial crisis [J]. Journal of the Korean Physical Society, 2015, 66 (8): 1153 –1159.

[136] T. C. Silva, S. R. S. D. Souza, B. M. Tabak. Network structure analysis of the Brazilian interbank market [J]. Emerging Markets Review, 2016, 26 (3): 130 –152.

[137] S. George, M. Changat. Network approach for stock market data mining and portfolio analysis [C]. International Conference on Networks & Advances in Computational Technologies, 2017, 251 –256.

[138] 李昊，曹宏铎，邢浩克．基于复杂网络少数者博弈模型的金融市场仿真研究［J］．系统工程理论与实践，2012，32（9）：1882－1890.

[139] 黄玮强，庄新田，姚爽．复杂网络视角下的我国股票之间信息溢出研究［J］．运筹与管理，2013，（5）：177－184.

[140] 邓超，陈学军．基于复杂网络的金融传染风险模型研究［J］．中国管理科学，2014，22（11）：11－18.

[141] 欧阳红兵，刘晓东．中国金融机构的系统重要性及系统性风险传染机制分析——基于复杂网络的视角［J］．中国管理科学，2015，23（10）：30－37.

[142] R. Du，G. Dong，L. Tian，et al. Spatiotemporal Dynamics and Fitness Analysis of Global Oil Market：Based on Complex Network［J］. PlOS ONE，Public Library of Science，2016，11（10）：1－17.

[143] H. Li，H. An，W. Fang，et al. Global energy investment structure from the energy stock market perspective based on a heterogeneous complex network model［J］. Applied Energy，2016，194（5）：648－657.

[144] D. B. Keim，R. F. Stambaugh. Predicting returns in the stock and bond markets［J］. Journal of Financial Economics，1986，17（2）：357－390.

[145] A. Ilmanen. Stock－bond correlations［J］. Journal of Fixed Income，2003，13（2）：55－66.

[146] M. A. King，S. Wadhwani. Transmission of volatility between stock markets［J］. Review of Financial Studies，1990，3（1）：5－33.

[147] N. Metiu. Sovereign risk contagion in the Eurozone［J］. Economics Letters，2012，117（1）：35－38.

[148] P. Gai，S. Kapadia. Contagion in financial networks［J］. Proceedings Mathematical Physical & Engineering Sciences，2010，466（2120）：2401－2423.

[149] D. G. Baur，B. M. Lucey. Flights and contagion—an empirical analysis of

stock - bond correlations [J] . Social Science Electronic Publishing, 2009, 5 (4): 339 - 352.

[150] N. N. S. Mustafa, S. Samsudin, F. Shahadan, et al. Flight - to - quality between stock and bond markets: Pre and post global financial crisis [J] . Procedia Economics & Finance, 2015, 31: 846 - 855.

[151] 袁晨，傅强．我国金融市场间投资转移和市场传染的阶段时变特征——股票与债券、黄金间关联性的实证分析 [J] ．系统工程，2010，(5)：1 - 7.

[152] 罗明华，田益祥．基于时变参数状态空间模型的利率变动跨市场效应研究 [J] ．预测，2012，31 (4)：63 - 68.

[153] T. Baig, I. Goldfajn. Financial market contagion in the Asian crisis [J]. Imf Staff Papers, 1999, 46 (2): 167 - 195.

[154] K. J. Forbes, R. Rigobon. No Contagion, Only Interdependence: Measuring stock market comovements [J] . Journal of Finance, 2002, 57 (5): 2223 - 2261.

[155] D. G. Baur, R. A. Fry. Multivariate contagion and interdependence [J]. Journal of Asian Economics, 2009, 20 (4): 353 - 366.

[156] B. H. Baltagi, D. Li. Prediction in the panel data model with spatial correlation [M] . Springer Berlin Heidelberg, 2004.

[157] J. D. Legros, Diègo. Spatial econometrics and the hedonic pricing model: what about the temporal dimension? [J] . Journal of Property Research, 2014, 31 (4): 333 - 359.

[158] J. D. A. Cabral, L. F. L. Legey, M. V. D. F. Cabral. Electricity consumption forecasting in Brazil: A spatial econometrics approach [J] . Energy, 2017, 126: 124 - 131.

[159] P. A. P. Moran. The interpretation of statistical maps [J] . Journal of the

Royal Statistical Society, 1948, 10 (2): 243 -251.

[160] D. A. Griffith. Some guideline for specifying the geographic weights matrix contained in spatial statistical models [J]. Practical handbook of spatial statistics, 1996: 65 -82.

[161] A. D. Cliff, J. K. Ord. Spatial processes: models & applications [M]. Taylor & Francis, 1981.

[162] A. Getis, J. Aldstadt. Constructing the spatial weights matrix using a local statistic [J]. In Perspectives on spatial data analysis: Springer, 2010: 147 -163.

[163] O. Parent, J. P. LeSage. Using the variance structure of the conditional autoregressive spatial specification to model knowledge spillovers [J]. Journal of Applied Econometrics, 2008, 23 (2): 235 -256.

[164] R. Patuelli, D. A. Griffith, M. Tiefelsdorf, et al. Spatial filtering and eigenvector stability: space - time models for German unemployment data [J]. International Regional Science Review, 2011, 34 (2): 253 -280.

[165] M. Caporin, P. Paruolo. Proximity - structured multivariate volatility models [J]. Econometric Reviews, 2015, 34 (5): 559 -593.

[166] L. Lee, J. Yu. QML estimation of spatial dynamic panel data models with time varying spatial weights matrices [J]. Spatial Economic Analysis, 2012, 7 (1): 31 -74.

[167] J. P. Elhorst. Unconditional maximum likelihood estimation of linear and Log - linear dynamic models for spatial panels [J]. Geographical Analysis, 2005, 37 (1): 85 -106.

[168] E. Girardin, D. Tan, W. K. Wong. Information content of order flow and cross - market portfolio rebalancing: Evidence for the Chinese stock, treasury and corporate bond markets [J]. Working Papers, 2010 (2): 31.

[169] L. Anselin. A test for spatial autocorrelation in seemingly unrelated regressions [J]. Economics Letters, 1988, 28 (4): 335 - 341.

[170] B. H. Baltagi, G. Bresson. Maximum likelihood estimation and Lagrange multiplier tests for panel seemingly unrelated regressions with spatial lag and spatial errors: An application to hedonic housing prices in Paris [J]. Journal of Urban Economics, 2011, 69 (1): 24 - 42.

[171] C. M. C. Lee. Inferring trade direction from intraday data [J]. Journal of Finance, 1991, 46 (2): 733 - 746.

[172] V. Fernandez. Spatial linkages in international financial markets [J]. Quantitative Finance, 2007, 11 (2): 237 - 245.

[173] P. A. Moran. A test for the serial independence of residuals [J]. Biometrika, 1950, 37 (1/2): 178 - 181.

[174] L. Anselin. Lagrange multiplier test diagnostics for spatial dependence and spatial heterogeneity [J]. Geographical Analysis, 1988, 20 (1): 1 - 17.

[175] P. Burridge. On the cliff - ord test for spatial correlation [J]. Journal of the Royal Statistical Society, 1980, 42 (1): 107 - 108.

[176] D. A. Griffith, G. Arbia. Detecting negative spatial autocorrelation in georeferenced random variables [J]. International Journal of Geographical Information Science, 2010, 24 (3): 417 - 437.

[177] 陈青青，龙志和，林光平．面板数据的空间 Hausman 检验 [J]．系统工程，2012，(6)：99 - 103.

[178] J. Eaton, M. Gersovitz, J. E. Stiglitz. The pure theory of country risk [J]. European Economic Review, 1986, 30 (3): 481 - 513.

[179] S. H. Lee. Are the credit ratings assigned by bankers based on the willingness of LDC borrowers to repay? [J]. Journal of Development Economics, 1993, 40

(2): 349 –359.

[180] R. Kräussl. Sovereign ratings and their impact on recent financial crises [J] . International Advances in Economic Research, 2001, 7 (2): 268 –269.

[181] G. Kaminsky, S. L. Schmukler. Emerging market instability: Do sovereign ratings affect country risk and stock returns? [J] . World Bank Economic Review, 2002, 16 (2): 171 –195.

[182] Li H, Bang N J, Cho S Y, et al. The impact of sovereign rating changes and financial contagion on stock market returns: Evidence from five Asian countries [J] . Global Finance Journal, 2008, 19 (1): 46 –55.

[183] A. Afonso, D. Furceri, P. Gomes. Sovereign credit ratings and financial markets linkages: Application to European data [J] . Journal of International Money & Finance, 2012, 31 (3): 606 –638.

[184] N. B. Submitter. Measuring sovereign contagion in Europe [J] . Social Science Electronic Publishing, 2012.

[185] S. S. Chen, H. Y. Chen, S. L. Yang, et al. Output spillovers from changes in sovereign credit ratings [J] . Journal of International Money & Finance, 2016, 63: 48 –63.

[186] R. Martell. The effect of sovereign credit rating changes on emerging stock markets [J] . Social Science Electronic Publishing, 2005.

[187] L. Bauwens, S. Laurent, J. V. K. Rombouts. Multivariate GARCH models: a survey [J] . Journal of Applied Econometrics, 2006, 21 (1): 79 –109.

[188] M. Mcaleer. Multivariate stochastic volatility: A review [J]. Econometric Reviews, 2006, 25 (2 –3): 145 –175.

[189] M. Mcaleer, M. C. Medeiros. A multiple regime smooth transition Heterogeneous Autoregressive model for long memory and asymmetries [J] . Journal of Econo-

metrics, 2008, 147 (1): 104 -119.

[190] M. Mcaleer. Automated inference and learning in modeling financial volatility [J]. Econometric Theory, 2008, 21 (1): 232 -261.

[191] A. Silvennoinen, T. Teräsvirta. Multivariate GARCH models [M]. Springer Berlin Heidelberg, 2009.

[192] 熊正德，文慧，熊一鹏．我国外汇市场与股票市场间波动溢出效应实证研究——基于小波多分辨的多元 BEKK—GARCH (1, 1) 模型分析 [J]．中国管理科学，2015，23 (4)：30 -38.

[193] G. M. Caporale, N. Pittis, N. Spagnolo. Testing for causality - in - variance: an application to the East Asian markets [J]. International Journal of Finance & Economics, 2002, 7 (3): 235 -245.

[194] H. Tastan. Estimating time - varying conditional correlations between stock and foreign exchange markets [J]. Physica A Statistical Mechanics & Its Applications, 2006, 360 (2): 445 -458.

[195] C. Walid, A. Chaker, O. Masood, et al. Stock market volatility and exchange rates in emerging countries: A Markov - state switching approach [J]. Emerging Markets Review, 2011, 12 (3): 272 -292.

[196] C. F. Baum, D. Schäfer, A. Stephan. Credit rating agency downgrades and the Eurozone sovereign debt crises [J]. Journal of Financial Stability, 2016, 24: 117 -131.

[197] 樊智，张世英．多元 GARCH 建模及其在中国股市分析中的应用 [J]．管理科学学报，2003，6 (2)：68 -73.

[198] 李成，马文涛，王彬．我国金融市场间溢出效应研究——基于四元 VAR—GARCH (1, 1) - BEKK 模型的分析 [J]．数量经济技术经济研究，2010，(6)：3 -19.

［199］苏木亚，郭崇慧．全球主要股票市场对我国股市的多渠道协同波动溢出效应——欧债危机背景下基于中证行业指数视角的研究［J］．管理评论，2015，27（11）：21－32.

［200］孟庆浩，张卫国．基于ICA的多元金融市场波动溢出及实证研究［J］．系统工程，2015（10）：115－121.

［201］K. M. Abadir，W. Distaso，F. Žikeš. Design－free estimation of variance matrices［J］. Journal of Econometrics，2014，181（2）：165－180.

［202］O. Ledoit，M. Wolf. Nonlinear shrinkage estimation of large－dimensional covariance matrices［J］. IEW－Working Papers，2012，40（2）：1024－1060.

［203］C. Lam，J. Fan. Sparsistency and rates of convergence in large covariance matrix estimation［J］. Annals of Statistics，2009，37（6B）：4254.

［204］J. Fan，Y. Liao，M. Mincheva. High dimensional covariance matrix estimation in approximate factor models［J］. Annals of Statistics，2011，39（6）：3320－3356.

［205］C. Lam，Q. Yao. Factor modeling for high－dimensional time series：Inference for the number of factors［J］. Lse Research Online Documents on Economics，2012，40（40）：694－726.

［206］王明进，陈奇志．基于独立成分分解的多元波动率模型［J］．管理科学学报，2006，9（5）：56－64.

［207］H. Reisen，J. V. Maltzan. Boom and bust and sovereign ratings［J］. International Finance，1999，2（2）：273－293.

［208］D. Parsley，A. Gande. News spillovers in the sovereign debt market［J］. Journal of Financial Economics，2005（75）：691－734.

［209］J. G. Brida，W. A. Risso. Hierarchical structure of the German stock market［J］. Expert Systems with Applications，2010，37（5）：3846－3852.

[210] S. Lenzu, G. Tedeschi. Systemic risk on different interbank network topologies [J]. Physica A Statistical Mechanics & Its Applications, 2012, 391 (18): 4331-4341.

[211] C. Tu. Cointegration-based financial networks study in Chinese stock market [J]. Physica A Statistical Mechanics & Its Applications, 2014, 402: 245-254.

[212] Y. C. Gao, Y. Zeng, S. M. Cai. Influence network in Chinese stock market [J]. Journal of Statistical Mechanics Theory & Experiment, 2015 (3).

[213] M. Stephen, C. Gu, H. Yang. Visibility graph based time series analysis [J]. Plos One, 2015, 10 (11).

[214] M. C. Qian, Z. Q. Jiang, W. X. Zhou. Universal and nonuniversal allometric scaling behaviors in the visibility graphs of world stock market indices [J]. Journal of Physics A Mathematical & Theoretical, 2010, 43: 161-165.